Hochschulmanagement

Personalentwicklung in der Wissenschaft

Aktuelle Prozesse, Rahmenbedingungen und Perspektiven

Dokumentation des 1. Bremer Arbeitsgesprächs zur Personalentwicklung in der Wissenschaft am 21./22. Februar 2005

Reihe 5:
Hochschulmanagement

Die Reihe bietet Orientierung für alle (Verwaltungspersonal wie Wissenschaftler/innen), die in Managementfunktionen/in akademischer Selbstverwaltung an Hochschulen aktiv sind.
Das Themenangebot reicht von Selbstmanagement über Fragen der Personalführung und -förderung (z.B. Lehrstuhlmanagement) bis zur Neuorganisation von Entscheidungs- und Verwaltungsabläufen und richtet sich an Wissenschaftler, insbesondere an Dekane, Studiendekane und Kommissionsvorsitzende in der akademischen Selbstverwaltung, aber auch Mitglieder von Hochschulverwaltungen. Es bietet Optimierungsmodelle für so vertraute Probleme wie effektive Sitzungsabläufe ebenso wie wertvolle Informationen und Hinweise für neue Aufgaben.

Die Reihe kann mit 20% Subskriptionsrabatt auch direkt beim Verlag abonniert werden. Dann erhalten Sie Neuerscheinungen automatisch und müssen die aktuelle Entwicklung der Reihe nicht gesondert verfolgen.

Weitere Informationen erhalten Sie im Internet:
www.universitaetsverlagwebler.de

Hochschulmanagement

Margarete Hubrath, Franziska Jantzen, Martin Mehrtens (Hg.)

Personalentwicklung in der Wissenschaft

Aktuelle Prozesse, Rahmenbedingungen und Perspektiven

Dokumentation des 1. Bremer Arbeitsgesprächs zur Personalentwicklung in der Wissenschaft am 21./22. Februar 2005

UVW UniversitätsVerlagWebler

Bibliografische Informationen der Deutschen Bibliothek
Die Deutsche Bibliothek verzeichnet diese Publikation in der deutschen Nationalbibliografie; detaillierte bibliografische Daten sind im Internet über http://dnb.ddb.de abrufbar

Margarete Hubrath, Franziska Jantzen, Martin Mehrtens (Hg.):
Personalentwicklung in der Wissenschaft
Aktuelle Prozesse, Rahmenbedingungen und Perspektiven
Dokumentation des 1. Bremer Arbeitsgesprächs zur Personalentwicklung in der Wissenschaft am 21./22. Februar 2005

ISBN 3-937026-48-7

Alle Rechte vorbehalten.
© 2006 by UVW UniversitätsVerlagWebler Bielefeld.
Das Werk einschließlich aller seiner Teile ist urheberrechtlich geschützt.
Jede Verwertung außerhalb der engen Grenzen des Urheberrechtsgesetzes ist ohne Zustimmung des Verlages unzulässig und strafbar. Das gilt insbesondere für Vervielfältigungen, Übersetzungen, Mikroverfilmungen und die Einspeicherung und Verarbeitung in elektronischen Systemen.
Umschlag: Ute Weber GrafikDesign, Geretsried
Papier: Werkdruckpapier
Druck: Hans Gieselmann, Bielefeld
Printed in Germany, 2006

Inhalt

Einleitung der Herausgeber 7

Teil I
Karrierewege und Kompetenzprofile von Wissenschaftler/innen unter veränderten Rahmenbedingungen

Miloš Vec
Wissenschaftlerinnen und Wissenschaftler im Qualifikationsprozess:
Rollenfindung und die Grenzen von Förderung und
Kompetenzentwicklung 15

Petra Hohnholz
Forschungspolitik – Welches Karrierebild einer wissenschaftlichen
Laufbahn bildet die Grundlage der Nachwuchsförderung? 27

Jutta Fedrowitz
Möglichkeiten der Professionalisierung durch hochschulübergreifende Qualifizierungsangebote 31

Margarete Hubrath
Kompetenzfelder in der Wissenschaft 43

Niels Bosse
Das Job-Family-Konzept bei der Volkswagen AG 55

Abschlussdiskussion Teil I 67

Teil II
Pionierarbeit: Personalentwicklungsangebote für Wissenschaftler/innen

Klaus Eisold
Maßgeschneiderte Förderung für unterschiedliche wissenschaftliche
Qualifizierungsphasen in einer Großforschungseinrichtung 77

Martin Mehrtens
Personalentwicklung für Juniorprofessoren – Ein Beitrag zur
individuellen Förderung und aktiven Hochschulentwicklung 89

Michael Hülsmann
Chancen und Grenzen der Personalentwicklung für JuniorprofessorInnen
aus Sicht eines Teilnehmers 99

Christine Amend-Wegmann
Mentoring – Erfahrungen mit einem Ansatz der systematischen und
individuellen Förderung von Wissenschaftlerinnen 113

Franziska Jantzen
Perspektiven einer Personalentwicklung für Wissenschaftler/innen –
Implementierung und Qualitätssicherung 125

Abschlussdiskussion Teil II 135

Resümee und Ausblick 141

Anhang

Programm der Tagung 145

Teilnehmer/innen der Tagung 146

Verzeichnis der Autorinnen und Autoren 148

Einleitung

Dieser Band dokumentiert die Vorträge und Diskussionen des „1. Bremer Arbeitsgesprächs zur Personalentwicklung in der Wissenschaft" vom 21./22. Februar 2005 in Schloss Etelsen bei Bremen.

Als Leiter des Dezernates für Organisation und Personalentwicklung der Universität Bremen und als für verschiedene Hochschulen und Forschungseinrichtungen tätige Wissenschaftsberaterinnen sind wir in den letzten Jahren aus unterschiedlichen Perspektiven auf ähnliche Fragen zur Personalentwicklung in der Wissenschaft gestoßen. Unser gemeinsames Interesse, einen aktuellen Überblick zu Entwicklungen, Chancen und Grenzen von Personalentwicklungsangeboten speziell für Wissenschaftler und Wissenschaftlerinnen zu gewinnen, hat uns motiviert, eine erste Tagung zu diesem Thema in Deutschland durchzuführen.

Seit einiger Zeit wird den Universitäten von staatlicher Seite deutlich mehr Autonomie und Eigenverantwortung zugestanden. Diese neue Rolle auszufüllen und aktiv zu gestalten bedeutet auch, Verantwortung für Innovationsprozesse mit dem Ziel größerer Leistungsfähigkeit zu übernehmen. Damit eröffnet sich für die Universität Bremen ein neuer Weg, der verbunden ist mit erweiterten Anforderungen an die Organisation und damit an alle Universitätsmitglieder einschließlich der Studierenden. Hierbei gewinnen in der Universität neben der von allen anzustrebenden Wirtschaftlichkeit insbesondere die Qualität und Qualitätsentwicklung in Lehre und Forschung sowie im Bereich der Dienstleistungen zentrale Bedeutung.

Gefordert sind neue Kompetenzen, die mit den Stichworten partnerschaftliche Kooperation, persönliche Verantwortung, Verbesserung des Leitungs- und Entscheidungssystems, Verbesserung der inneruniversitären Kommunikation und Information beschrieben werden können. Den Wissenschaftler/innen der Universität Bremen kommt in dieser Organisationsentwicklung eine herausragende Bedeutung zu. Sie sind Träger dieser Veränderungen und neuen Entwicklungen.

Dies ist für alle Beteiligten ein Lernprozess. In der Universität Bremen wird der Personalentwicklung von daher auf allen Ebenen ein hoher Stellenwert beigemessen. Personalentwicklung wird verstanden als Schlüssel zur Veränderung und Qualitätsverbesserung und -sicherung in der Universität.

Mit der Entwicklung und Umsetzung von vernetzten und auf mehrere Jahre angelegten Personalentwicklungsmaßnahmen zur gezielten Förderung von wissenschaftlichen Nachwuchskräften werden in der Universität Bremen neue Wege beschritten, um kompetente und engagierte Wissenschaftler/innen gezielt zu fördern, sie auf künftige (Leitungs-)Aufgaben vorzubereiten und zu aktiven Trägern der Hochschulentwicklung zu machen. Dies hat zu einer deutlichen Akzentverschiebung in den benötigten beruflichen Qualifikationsmustern von Professor/innen bzw. leitenden Wissenschaftler/innen geführt. Wir sind der Überzeugung, dass Leitungs-, Führungs- und Koordinierungskompetenzen, so genannte

„außerfachliche Qualifikationen", die fachwissenschaftliche und didaktische Kompetenz künftig komplettieren und zu notwendigen Qualifikationen für eine erfolgreiche wissenschaftliche Karriere in der Universität und sonstigen Wissenschaftseinrichtungen werden. In gleichem Maße qualifizieren sie Wissenschaftler/innen für Aufgabenfelder außerhalb klassischer Wissenschaftsinstitutionen.

Diese (neuen) Anforderungen an Wissenschaftler/innen nimmt die Personalentwicklung in der Universität Bremen gezielt auf, ohne damit jedoch ein klassisches Managementtraining für Wissenschaftler anzubieten. Erste Erfahrungen mit Qualifizierungsmaßnahmen für Dekane in der Universität Bremen zeigen, dass ein hoher Bedarf an Information, Vernetzung und der Entwicklung so genannter „außerfachlicher Qualifikationen" besteht und eine gezielte Förderung und Fortbildung im Hinblick auf die künftige Positionierung in der Universität sinnvoll und gewünscht ist.

Seit 2004 wird mit der Personalentwicklung für Juniorprofessorinnen und Juniorprofessoren, den Qualifizierungsmaßnahmen für Dekane und Förderprogrammen für wissenschaftliche Mitarbeiter/innen und Doktoranden die systematische Entwicklung und Förderung von Qualifikationen für das Wissenschaftsmanagement in der Universität Bremen auf unterschiedlichen Statusebenen im Wissenschaftsbereich initiiert, modelliert und umgesetzt. Damit sind erste Schritte hin zu einem organisierten Wissensmanagement als PE-Strategie in der Universität eingeleitet.

Mit dem Aufbau eines Kompetenznetzwerks für Juniorprofessor/innen in der Universität ist ein erster Schritt auf dem Weg zu neuen Formen der Kooperation und zu einem anwendungsbezogenen Wissenstransfer initiiert worden. Es handelt sich hierbei um ein mit Unterstützung der Personalentwicklung initiiertes und von den Beteiligten selbst getragenes voneinander und miteinander Lernens. Die Universität möchte hiermit nachhaltige Prozesse der Wissensvermittlung, des Wissenstransfers und der Wissenssicherung initiieren. In 2005 wurde ein Mentoringprogramm für Doktorandinnen, Postdoktorandinnen und Habilitandinnen in den Natur- und Technikwissenschaften zur gezielten Karriereförderung gestartet, das eine Kombination von Fortbildung und Networking bietet. Für 2006 sind in Kooperation mit außeruniversitären Wissenschaftseinrichtungen und Wirtschaftsbetrieben Förderprogramme für Doktorand/inn/en zu gezielten Entwicklung von Kompetenzen im Wissenschaftsmanagement in Vorbereitung.

Diese Förderprogramme sind in der Universität Bremen in enger Abstimmung mit den Wissenschaftler/innen entwickelt worden. Sie nehmen explizit Bezug auf die jeweils besondere Situation der Wissenschaftler/innen und deren Unterstützungswünsche und Fördererinteressen. Die Maßnahmen thematisieren Unterstützungsbedarfe im Bereich der Information über Strukturen und relevante Organisationsprozesse der Universität. Sie sollen Orientierungshilfen geben, zur Entwicklung von Handlungskompetenz beitragen, einen aktiven Beitrag zur Vernetzung der (jungen) Wissenschaftler/innen leisten sowie individuelle Förderung und Entwicklung ermöglichen.

Auch für uns als extern – gleichsam von der anderen Seite aus – agierende Wissenschaftsberaterinnen bildet die Entwicklung von Angeboten zur Professionalisierung und zur Verbesserung der Arbeitssituation von (Nachwuchs)-Wissenschaftler/innen einen zentralen Arbeitsschwerpunkt. Seit nunmehr sechs Jahren ist es uns möglich, als Referentinnen für unterschiedliche Förderinstitutionen, Hochschulen und Forschungseinrichtungen sowie im Rahmen von Einzelberatungen vielfältige Einblicke in die spezifische Situation dieser Zielgruppe zu erlangen. Den Auftakt bildete das bundesweite Programm „Anstoß zum Aufstieg" des BMBF, in dem wir in knapp 30 je dreitägigen Karriere- und Berufungsseminaren mit promovierten und vielfach auch habilitierten Wissenschaftlerinnen zu ihren Karrierewegen und Zukunftsperspektiven gearbeitet haben.[1] Für viele Teilnehmerinnen war dies in ihrer wissenschaftlichen Laufbahn die erste Möglichkeit, bei ihrer Karriereplanung direkte Unterstützung zu erfahren. Dieser Eindruck hat sich seitdem auch in anderen wissenschaftlichen Kontexten wiederholt und bestätigt – und zwar unabhängig von den je verschiedenen Fachkulturen und Arbeitsbedingungen: Gegenwärtig unterstützen Wissenschaftseinrichtungen in Deutschland ihre Forscherinnen und Forscher offensichtlich noch zu wenig beim Erwerb der Kompetenzen und Fähigkeiten, die über die vertiefte Kenntnis des eigenen Fachgebietes hinaus nötig sind, um erfolgreich in Forschung und Lehre zu sein.

Zwar gibt es in einigen Hochschulen und Forschungseinrichtungen bereits Weiterbildungsprogramme. Personalentwicklung im eigentlichen Sinne, also die gezielte Unterstützung von Wissenschaftler/innen auf der Grundlage einer differenzierten Analyse ihrer Entwicklungsbedarfe, bildet aber noch eine Ausnahme in Deutschland. Mit ihren nach Zielgruppen differenzierten Maßnahmen und Angeboten gehört die Universität Bremen zu den ersten Hochschulen in Deutschland, die im Bereich der Personalentwicklung speziell für Wissenschaftler/innen eigene Modelle entwickelt und umgesetzt haben. Das mag erstaunen – haben in vielen Hochschulverwaltungen Elemente und Instrumente der Personalentwicklung im Zuge der Einführung neuer Steuerungsmodelle ja bereits Einzug gehalten. Seit mehreren Jahren wird in Publikationen und auf Tagungen zudem immer wieder die Notwendigkeit betont, auch das wissenschaftliche Personal an Hochschulen systematisch zu fördern und geeignete Konzepte zu erarbeiten.[2] Doch wer soll dies leisten? Vielerorts scheinen die meist in der Verwaltung angesiedelten Personalentwickler/innen sehr zögerlich, ihre Aktivitäten auch auf die Fachbereiche auszudehnen. Die Gründe für diese Zurückhaltung sind mit Sicherheit vielfältig und decken ein Spektrum von nicht definierten Zuständigkeiten (wer erteilt den Auftrag dazu?) bis hin zur Sorge vor fehlender Akzeptanz und oder gar Verweige-

---

[1] Vgl. Jutta Dalhoff (Hrsg.): Anstoß zum Aufstieg – Karrieretraining für Wissenschaftlerinnen auf dem Prüfstand. Bielefeld 2006 (CEWS.Beiträge Frauen in Wissenschaft und Forschung Nr. 4).
[2] Vgl. z.B. Christine Roloff (Hrsg.): Personalentwicklung, Geschlechtergerechtigkeit und Qualitätsmanagement an der Hochschule. Bielefeld 2002; Christina Reinhardt (Hrsg.): Verborgene Bilder – große Wirkung. Was Personalentwicklung an Hochschulen bewegt. Bielefeld 2004; Rudolf Fisch, Stefan Koch (Hrsg.): Human Resources in Hochschule und Forschung. Leistungsprozesse – Strategien – Entwicklung. Bonn 2005.

rung auf Seiten der Wissenschaftler/innen (jeglichen Ansinnen der Verwaltung ist erst einmal skeptisch zu begegnen) ab. Vor diesem Hintergrund ist plausibel, dass von den insgesamt noch spärlichen Erfahrungen mit Personalentwicklung in der Wissenschaft ein deutlicher Anteil auf Initiativen aus dem Bereich der Frauenförderung gründet, wo mit einer klaren strategischen Zielperspektive in den letzten Jahren PE-Projekte und Angebote wie z.b. Mentoringprogramme für Wissenschaftlerinnen entwickelt wurden.

Die inhaltliche Strukturierung des 1. Bremer Arbeitsgesprächs schließt an diese Bilanz an. Unser Ziel war eine erste Standortbestimmung und ein intensiver Austausch unter Expertinnen und Experten über aktuelle Prozesse und Perspektiven in der Personalentwicklung für Nachwuchswissenschaftler/innen in Hochschulen und Forschungseinrichtungen. Der Schwerpunkt wurde gezielt auf die Gruppe der jüngeren Wissenschaftler/innen in der Qualifikationsphase gelegt, da hier vielfach noch offen ist, ob eine berufliche Perspektive innerhalb wissenschaftlicher Einrichtungen langfristig realistisch ist, oder ob andere Wege der beruflichen Orientierung eingeschlagen werden müssen.

Im ersten Teil der Beiträge wird der Frage nachgegangen, welche Anforderungen sich aus unterschiedlichen Perspektiven auf Qualifikationswege an ein Kompetenzprofil für Wissenschaftlerinnen und Wissenschaftler stellen und in welcher Form sich Kompetenzprofile unter den derzeit ändernden Rahmenbedingungen der Wissenschaftslandschaft ebenfalls verändern. Erörtert wird dabei auch, ob solchermaßen veränderte und erweiterte Kompetenzprofile auch zusätzliche Karrierewege außerhalb von Wissenschaftseinrichtungen und Hochschulen eröffnen können.

Im zweiten Teil richtet sich der Blick auf die Praxis. Hier werden Modelle der Förderung von Wissenschaftler/innen aus verschiedenen Wissenschaftsorganisationen vorgestellt und die notwendigen Bedingungen für die Implementierung und Qualitätssicherung von PE-Prozessen diskutiert. Dabei wird immer wieder auch die Rolle und Aufgabe von Personalentwicklung innerhalb der Organisations- und Hochschulentwicklung hinterfragt.

Um die im Verlauf des Arbeitsgesprächs aufgeworfenen Fragen, Anregungen und Impulse bei der Ergebnissicherung in diesem Band ebenfalls berücksichtigen zu können, dokumentieren wir jeweils im Anschluss an die einzelnen Beiträge auch den Verlauf der Diskussionen. Ein erstes Resümee mit Ausblick rundet den Band ab.

Das Arbeitsgespräch war mit seinem relativ kleinen Kreis von 28 Teilnehmerinnen und Teilnehmern ganz bewusst als Forum zum direkten fachlichen Austausch konzipiert. In dieser frühen Phase der Etablierung von Personalentwicklung im Wissenschaftsbereich kommt der Vernetzung und dem direkten Austausch der Akteurinnen und Akteure in diesem Feld eine besondere Bedeutung zu. So haben wir neben der Zielgruppe von Personalentwicklung – den Wissenschaftlerinnen und Wissenschaftlern, auch Mitglieder von Hochschulleitungen, externe Beraterinnen, Personalentwickler/innen aus Hochschulen und Forschungseinrichtungen, Akteurinnen aus dem Bereich Chancengleichheit, sowie Vertreter/innen von Institutionen der Wissenschaftsförderung zur Teilnahme an diesem Arbeitsgespräch eingeladen. Wir hoffen, mit diesem Band einen weiteren Impuls zur Kooperation und Weiterentwicklung von Initiativen für Personalentwicklung in der Wissenschaft zu geben.

Unser Dank gilt den Teilnehmer/inne/n dieses Arbeitsgespräches. Sie haben viele Impulse gegeben und mit uns Konzepte, Strategien und Maßnahmen zur Personalentwicklung in der Wissenschaft kritisch diskutiert und reflektiert.

Möglich wurde dieses 1. Bremer Arbeitsgespräch zur Personalentwicklung in der Wissenschaft durch die Unterstützung der Universität Bremen. Hierfür möchten wir dem Rektor der Universität Bremen, Herrn Prof. Dr. Wilfried Müller, und dem Kanzler der Universität Bremen, Herrn Gerd-Rüdiger Kück, ganz herzlich danken.

Düsseldorf/Hannover/Bremen, im Sommer 2006

Margarete Hubrath, Franziska Jantzen und Martin Mehrtens

Teil I

Karrierewege und Kompetenzprofile von Wissenschaftler/innen unter veränderten Rahmenbedingungen

Wissenschaftlerinnen und Wissenschaftler im Qualifikationsprozess: Rollenfindung und die Grenzen von Förderung und Kompetenzentwicklung

Miloš Vec

Wenn man nach den sich wandelnden Karrierewegen und dem Kompetenzprofil von Wissenschaftlern fragt, erhält man gleichsam in der Nussschale alle Kontroversen, die die derzeitigen Diskussionen um die Rolle der Wissenschaft auszeichnen und man diskutiert implizit bei allen hochschul- und forschungspolitischen Reformvorhaben mit. Um dieses offenkundig zu breite Spektrum fokussieren zu können, möchte ich meine Ausführungen in drei Punkten bündeln: Erstens möchte ich ein paar Überlegungen zum Leitbild des Wissenschaftlers und zum Prozess der Rollenfindung sagen. Zweitens werde ich einige Vermutungen zu den aktuellen Trends äußern. Drittens würde ich gerne einige Wünsche formulieren.

1. Das Leitbild des Wissenschaftlers und der Prozess der Rollenfindung

Wenn man Wissenschaft als einen Innovationsprozess begreift, muss es für den Wissenschaftler vor allen anderen Aufgaben darauf ankommen, neue Fragen zu stellen oder alte Fragen neu zu beantworten. Das scheint zunächst trivial, ist es aber vielleicht weniger, wenn man es in seinen Konsequenzen betrachtet.

Der Soziologie Rudolf Stichweh hat einmal in einem Aufsatz die Weltfremdheit des Wissenschaftlers als dessen Tugend akzentuiert. Weltfremdheit heißt demnach die Fähigkeit, „Selbstverständliches und lange Vertrautes so zu sehen, als sei es völlig unwahrscheinlich und letztlich unverständlich [...]. Die eigentliche wissenschaftliche Leistung ist, das als immer schon vertraut Erfahrene in den Modus der Fremdheit zu versetzen. Insofern könnte ein Wissenschaftler nichts Falscheres tun, als sich gegen den Vorwurf wehren, er sei ‚welt-fremd'. Seine ‚Welt-Fremdheit' ist schließlich seine eigentliche Begabung, und, wenn sie ihm mitgegeben ist, für ihn ein glücklicher biografischer Zufall, zugleich gewissermaßen eine ‚List der Natur', Abweichungen zu erzeugen, mit denen sie sich für sich selbst durchschaubar macht."[3] Demnach zeichnet einen guten Forscher die Fähigkeit aus, etwas anders sehen zu können als seine Umwelt, gleich ob die

---

[3] Rudolf Stichweh, Universitätsmitglieder als Fremde in spätmittelalterlichen und frühmodernen europäischen Gesellschaften, in: Marie Theres Fögen (Hg.), Fremde der Gesellschaft. Historische und sozialwissenschaftliche Untersuchungen zur Differenzierung von Normalität und Fremdheit (Ius Commune Sonderhefte 56), Frankfurt am Main 1991, S. 169-191 (S.169f.).

Gesellschaft der Maßstab sei oder die Kollegen es sind; der Wissenschaftler nimmt Dinge nicht für selbstverständlich. Er gibt sich nicht mit vorhandenen Antworten ab oder lässt sich durch das Abwinken seiner Kollegen entmutigen. Im Gegenteil: Gerade die Einmütigkeit von Überzeugungen macht ihn misstrauisch, und er begehrt, die Gründe zu überprüfen.

Das Potenzial für eine solche Außenperspektive ist vielleicht höher, wenn hinter den wissenschaftlichen Perspektiven ungewöhnliche Lebenserfahrungen stehen. Die Karrierewege erfolgreich gewesener Wissenschaftler sind empirisch gesehen daher oft krumm, die Ideen entwickeln sich auf verschlungenen Pfaden oder stellen sich biografisch sehr spät ein. Manche Fächer – zumal in den Geisteswissenschaften – bringen lange Ausbildungswege mit sich, die Qualifikationsstufen sind voraussetzungsreich. Rechtshistoriker etwa sind (um ein Diktum eines früheren Direktors am Max-Planck-Institut für europäische Rechtsgeschichte aufzunehmen) wie Spargel: Man sieht lange nichts von ihnen. Ähnliches gilt auch für die Zusammensetzung von Forschergruppen, die von den divergierenden lebensweltlichen Erfahrungen ihrer Mitglieder profitieren können. Hier wie auch sonst im Projektmanagement lautet die Aufgabe für den Projektleiter daher, zum einen eine richtige Mischung der Kompetenzen anzustreben als auch in der Zusammenarbeit den Mitgliedern atmosphärisch Raum dafür zu lassen, ihren Eigensinn einzubringen. Gerade der ungewöhnliche Gedanke, der zunächst auf Ablehnung, Misstrauen oder Erheiterung stößt, verspricht vielleicht die ersehnte Neuerung, wenn er konsequent zu Ende gedacht wird. Er birgt möglicherweise das Potenzial zu einer großen wissenschaftlichen Leistung.

Zum Leitbild eines Wissenschaftlers gehört aber nicht nur die Forschung. Selbst wenn er bei einer außeruniversitären Forschungseinrichtung tätig ist, sollte er auch lehren. Als Lehrer sind nun vom Wissenschaftler andere Tugenden erfordert als vom Forscher. Manches ergänzt sich glücklich, Neugier, geistige Frische, Arbeitseinsatz. Ich bin zuversichtlich, dass ein vielbeschäftigter, hochaktiver Wissenschaftler aus dem Kontakt mit Studierenden, aus der Lehre eine Fülle von Anregungen zur Forschung erhält. Aber auch die Studierenden profitieren in besonderem Maße von einem Forscher, der sie in den Veranstaltungen mit seinen Themen und Anliegen zu begeistern vermag, der sie irritiert. Wir alle haben im Studium diesen intellektuell belebenden Typus des Lehrers erlebt. In beiden Rollen, als guter Lehrer wie auch als guter Forscher, muss man zudem bestimmte weitere Kompetenzen der Administration, Organisation, Kommunikation usw. mitbringen.

Andere Seiten der heutigen Universität vertragen sich nicht so gut mit dem Leitbild eines in Gedanken versunkenen, an der Forschungsfront grübelnden Wissenschaftlers. Ich glaube, es ist auf einer Tagung von ausgewiesenen Kennern des heutigen Hochschulwesens überflüssig, dies mit Beispielen aus dem Universitätsalltag zu illustrieren. Um es mit einem Satz eines frühmodernen Moralphilosophen zu sagen: „Drückt man die Apfelsine zu sehr, so gibt sie zuletzt das Bittre."[4]

Allerdings ist das oben genannte Konzept der „wissenschaftliche Leistung" potenziell problematisch. Denn die eben beschriebene intellektuelle Innovationskraft besteht natürlich nicht an sich, sondern sie wird dem Wissenschaftler zugeschrieben. Um von einer Leistung zu sprechen, muss diese Leistung in der Community anerkannt sein. Das heißt, dass eben jene Umwelt, deren Annahmen und Selbstverständlichkeiten der Wissenschaftler in Frage stellen soll, deren Horizont er erweitern soll, diesen Wissenschaftler zugleich als Wissenschaftler zertifiziert. In der Folge wird das Paradox sichtbar, dass der Forscher sich zumindest zum Teil in seiner Rollenfindung nach den gängigen Normen richten muss, um Anerkennung zu erlangen – bei aller Verpflichtung auf das Unkonventionelle. Welche Standards gibt es hier und wer setzt sie? Als Jurist bin ich gewohnt, nach Geltungsgründen zu unterscheiden. Man könnte danach mit dem Recht beginnen.

Tatsächlich haben aber rechtliche Vorgaben geringe Bedeutung. Zwar wird Lug und Trug in den Wissenschaften zunehmend juristisch gefasst. Es lässt sich eine Zunahme an rechtlichen oder rechtsrelevanten Normen und an Kontrolldichte konstatieren, um die Einhaltung gewisser wissenschaftlicher Standards zu gewährleisten. Man denke etwa an die „Grundsätze zur Sicherung guter wissenschaftlicher Praxis" der DFG. Aber im Alltag, für die inhaltliche Leitung eines Projekts wie auch für das sonstige Treiben von Wissenschaft sind Rechtsnormen – pointiert gesagt – nur in Ausnahmefällen einschlägig, etwa in Bezug auf die Wahrung geistigen Eigentums oder in Hinsicht auf das Abfassen von Arbeitszeugnissen. Was erheblich wichtiger ist: Dass man als Naturwissenschaftler in den USA gewesen sein sollte, dass man häufig auch abends und am Wochenende arbeitet, das steht in keinem Gesetz und auch in keinem Arbeitsvertrag.

Auch die Ethik bzw. Moral im engeren Sinne scheinen mir für die Rollenfindung eher peripher. Ihre Ge- und Verbote gelten nicht für den Normalfall und den Alltag der meisten Fächer; vielmehr scheinen sie sich an bestimmte Fächer zu richten und sind dort wiederum eigentlich für recht wenige Situationen einschlägig. Die in der Bioethik hin- und hergewendete Frage unmoralischer Forschungsmethoden, die in der öffentlichen Wahrnehmung geradezu zu einer „Ethisierung" der Wissenschaft geführt hat,[5] findet in kaum einem geisteswissenschaftlichen Fach ein Pendant.

Wenn ich es nicht ganz falsch sehe, konstituiert sich das Leitbild eines Wissenschaftlers vielmehr über Normen ohne institutionelle Sanktionen und auch jenseits des moralischen Urteils über Gut oder Böse. Diese Normen, die ich meine, behandeln Fragen dergestalt, wie ein guter Aufsatz oder eine korrekte Qualifikationsschrift aussieht; was eine originelle Forschungsfrage ist und was nicht; wie man auf Konferenzen auftritt und in Gremien agiert; oder wie man einen Antrag

---

[4] Balthasar Gracián, Handorakel und Kunst der Weltklugheit. Deutsch von Arthur Schopenhauer, Leipzig 1992, Maxime 82 (S.55).
[5] Katja Becker-Brandenburg, Eva-Maria Engelen und Miloš Vec (Hg.), Ethisierung – Ethikferne. Wieviel Ethik braucht die Wissenschaft?, Berlin 2003.

schreibt. Die zugehörigen Leitbilder folgen zeitabhängigen Moden, sie wechseln von Ort zu Ort und von Disziplin zu Disziplin.[6] Die meisten dieser Anforderungen an den Wissenschaftler in seiner genuin wissenschaftlichen Rolle sind nicht verschriftlicht und auch sonst nicht besonders transparent. Kurz: Es handelt sich eher um Fragen des Stils oder wenn man so will: um Manieren. Für einen Wissenschaftler ist die Kenntnis dieses Codes, die Beherrschung seines fachspezifischen Habitus zentral, wenn er in den institutionell vorgegebenen Kategorien Karriere machen will. Um dieses Dickicht an Normierungen zu durchdringen und es gleichzeitig kritisch zu hinterfragen, hat die Junge Akademie im Herbst 2004 die Arbeitsgemeinschaft „Manieren" gegründet.[7]

2. Trends

Ich komme zweitens zu den Trends und möchte auch hier schlagwortartig einige Entwicklungen akzentuieren. Als Geisteswissenschaftler war man üblicherweise eine bestimmte, zum Klischee geronnene Rolle gewohnt: Man arbeitete traditionell als sog. „Einzelschreibtischforscher". Das hat sich in den vergangenen Jahren geändert. Hier wie so oft scheinen die Naturwissenschaften eine Vorreiterrolle zu spielen, etwa bei der Gründung und Verbreitung des Modells der Nachwuchsgruppen, die nun auch zunehmend einen Forschungsrahmen für junge Geisteswissenschaftler abgeben.

Als Nachwuchsgruppenleiter ist man in der ebenso glücklichen wie herausfordernden Situation, ein Projekt zu managen, in dem ein halbes Dutzend Menschen sich mehr oder weniger für das gleiche Thema interessieren. Dafür müssen Formen der Zusammenarbeit und des Projektmanagements entwickelt werden. Der Leiter muss sich eine Rolle suchen, in der er sich sozial wohl fühlt, die wissenschaftlich mit den eigenen Fragen kompatibel und thematisch für das Projekt als Ganzes viel versprechend ist. Irgendwann beginnt er vielleicht, unsystematisch Managementliteratur zu lesen. Er grübelt dann, was die dort entworfenen Leitbilder von Tom Peters und Fredmund Malik für ihn bedeuten könnten.

Seine Überzeugungen und seinen Führungsstil gewinnt er ferner aus Gesprächen mit Kollegen, den Direktoren und auch der Verwaltung des Instituts. Wie allgemein bekannt ist, sind die Personen dieses Kreises, gerade insoweit sie Wissenschaftler sind, in diesen Fragen wiederum nicht ausgebildet. Anders gesagt: Wissen über diese Fragen wird mehr informell gewonnen und ebenso informell an andere Akteure transferiert. Kurz: Das Leitbild wird von Fragen des Stils oder der Manieren dominiert, nicht von Normen des Recht oder Fragen der Ethik; die

---

[6] Instruktive Beispiele zu historischer und biochemischer Forschung bzw. Lehre bei Sandra Beaufaÿs: Wie werden Wissenschaftler gemacht? Beobachtungen zur wechselseitigen Konstitution von Geschlecht und Wissenschaft. Bielefeld 2003; siehe ferner Eva-Maria Engelen und Rainer-Maria Kiesow (Hg.), Gesichter der Wissenschaft. Eine Studie über gesellschaftliche Klischees von Wissenschaft. Mit 19 plastischen Illustrationen von Elmar Lixenfeld, Berlin 2005.
[7] Siehe unter www.diejungeakademie.de/arbeitsgruppen.

Prägungen finden informell statt. Freilich ist auch hier eine Tendenz zur Verschriftlichung, Verrechtlichung und Didaxe zu konstatieren.

Darüber hinaus dauert noch eine weitere Umstellung an, nämlich die auf befristete projektbezogene Forschungsförderung. Sie impliziert zusätzliche Erwartungen an den Forscher: Forscher müssen Pläne für das Gewinnen von Geistesblitzen und Archivfunden abfassen, diese sollten sich dann auch im rechten Augenblick einstellen und sich darüber hinaus auch inhaltlich einigermaßen mit den ursprünglich abgefassten Vorhaben, sie zu bekommen, decken. Kurz: Sie müssen eine international weitgehend standardisierte Antragsrhetorik beherrschen und sich in ihren Fassadentexten in die in mutmaßlichen Erwartungshorizonte von Geldgebern und Gutachtern einfühlen.[8] Sie müssen, auch wenn es von der Sache her nicht zwingend förderlich oder gar schädlich scheint, in Verbünden und Netzwerken forschen, die international und interdisziplinär angelegt sind.[9] All dies erhöht direkt oder indirekt den Zwang zum kollektiven Konsens und lässt wissenschaftlichen Dissens als Risikofaktor für die Einwerbung von Mitteln und für die Gewogenheit potenzieller Gutachter erscheinen.

Auch in der Lehre sind Akzentverschiebungen zu beobachten: Die Lehre wird zunehmend evaluiert. Der Nachweis von Fortbildungen in diesem Bereich ist nicht nur willkommen, sondern gerät zunehmend zur Norm. Das, was sich vorher im nahezu Unsichtbaren abspielte, nämlich die Herausbildung einer Lehrerpersönlichkeit, wird nun verregelt und zunehmend institutionalisiert. Hier werden, wie so oft, die Lehrenden in Fragen der Rhetorik, der Körpersprache und der Mediennutzung als Zu-Belehrende begriffen. Dies beinhaltet einen Perspektivenwechsel, der mit Eingriffen in ihre Autonomie einhergeht. Er zieht eine Hilfe mit Bevormundungszügen nach sich und impliziert für die Betroffenen Kontrolle. Die Fürsorge geht mit der Ausübung von Überwachungs- und Sanktionsmöglichkeiten bzw. der Schaffung positiver Anreizsysteme einher, es erfolgt eine Einbindung in ein dichtes Netz von Berichtspflichten und ein sich ausbreitendes Evaluationswesen: Die Regelungsdichte steigt.

In den vergangenen Jahren hat schließlich auch eine bewusste und vielfach reflektierte Annäherung von Wissenschaft und Gesellschaft stattgefunden. Außerwissenschaftliche Bewertungsmaßstäbe werden zunehmend auf die Wissenschaft übertragen: Wirtschaftlicher Nutzen der Ergebnisse, Effizienz in der Herstellung, gesamtgesellschaftliche Verwertbarkeit, mediale Darstellbarkeit und vieles mehr sind Schlagworte, die schon lange nicht nur die Medien beherrschen, sondern die über Bewertungssysteme unmittelbar an den Forscher herangetragen werden. Anders gesagt: Wissenschaft wird nicht mehr nur nach wissenschaftsim-

---

[8] Edo Reents, Das Katasteramt. So fördert die DFG die Geisteswissenschaften: Ein Fallbeispiel, in: Frankfurter Allgemeine Zeitung vom 4. Mai 2004, S.35.
[9] Albrecht Koschorke spricht von „oktroyierter Interdisziplinarität": Albrecht Koschorke, Wissenschaftsbetrieb als Wissenschaftsvernichtung. Eine Einführung in die Paradoxologie des deutschen Hochschulwesens, in: Dorothee Kimmich und Alexander Thumfart (Hg.), Universität ohne Zukunft? Frankfurt am Main 2004, S.142-157 (S.148).

manenten Ergebnissen bewertet, sondern zunehmend auch nach medialen, ökonomischen oder politischen Maßstäben. Diese Maßstäbe wirken zurück auf die Leitbilder der Wissenschaft und werden von den Akteuren verinnerlicht. Es ist für die meisten Wissenschaftler selbstverständlich geworden, sich in den Dialog mit der Öffentlichkeit zu begeben; auch Geisteswissenschaftler arbeiten sich redlich an der Frage ab, welchen „Nutzen" sie wohl für die Gesellschaft erbringen.[10] Auch auf mediale Vermittlung eigener Ergebnisse wird von ihnen selbst zunehmend Wert gelegt: Die eigene Homepage wird gepflegt, journalistische Berichte den Medien angeboten, man schreibt und veröffentlicht Forschungsberichte für ein breiteres Publikum usw. In Ausnahmefällen mögen große außeruniversitäre Forschungseinrichtungen Abteilungen für Öffentlichkeitsarbeit haben. Aber in der Regel – und in den Geisteswissenschaften ohnehin – sind die Forscher selbst die Öffentlichkeitsarbeiter.

Man kann diese Trends bündig als eine kumulative Erweiterung der Anforderungen an das Wissenschaftlerprofil begreifen. Denn ich sehe nicht, dass ältere, tradierte Anforderungen verschwunden wären. Um es anschaulich zu sagen: Der Wissenschaftler soll nach dem Vorgesagten eine marktgerecht klingende Frage formulieren und um sie herum ein größeres Forschungsprogramm entwickeln, von seinen potenziellen Geldgebern Mittel dafür beschaffen, Personal einstellen, die Mitarbeiter motivieren und führen, er soll die Öffentlichkeit interessieren und informieren und ab der Mitte und gewiss spätestens zum Projektende hin die nächste befristete Stelle ins Auge fassen und die Netze dafür auswerfen. Das alles bedeutet nicht, dass er nicht auch wie bereits vor Jahrzehnten forschen und lehren soll und mit den dort erzielten Leistungen Qualifikationshürden nehmen muss. Das heißt: Neben seine Projektleitung und die Einbindung in Beschaffungsprozesse tritt im Qualifikationsprozess die Habilitation und das Abfassen der zweiten „bedeutenden" Monografie, ohne die ihn die geisteswissenschaftlichen Fakultäten nicht ernst nehmen würden. Diese Kumulation von Anforderungen speist ihre Legitimation auch aus populären, medial verstärkten Bildern über den hochbezahlten, aber faulen und undisziplinierten Universitätswissenschaftler, dem etwas Kontrolle und Druck gar nicht schaden würde. Ihre Folge sind akademische Freiheitsverluste bei gleichzeitig verminderten Berufsaussichten für die Zeit nach Abschluss des Qualifikationsweges.

Freilich gibt es einen Trost. All diese Fähigkeiten: Beherrschung von Projektmanagement, Öffentlichkeitsarbeit, Geldbeschaffungskünste, Neigung zu vertieftem problemorientierten Arbeiten sind aber auch Merkmale, die in anderen Berufszweigen erwünscht sind. Ihren Inhaber könnte man sich auch auf einer außerwissenschaftlichen Position vorstellen. Wenn er denn jünger wäre.

---

[10] Otfried Höffe, Herkunftsbewusstsein, Verblüffungsresistenz und Aufklärung. Über den Nutzen der Geisteswissenschaften, in: Neue Zürcher Zeitung vom 25. November 2002, S.27; Konrad Schmid, Wozu sind Universitäten da? Erinnerungen an ein Ideal, in: Neue Zürcher Zeitung vom 25. Oktober 2004, S.23; Ulrich Raulff, Unterteufel von gediegener Sachlichkeit. Geisteswissenschaften: Alte Freunde, neue Kritiker – Ein Frühjahrsspaziergang durch die akademische Provinz, in: Süddeutsche Zeitung (Beilage) vom 17. März 2003, S.21.

3. Wünsche

Ich komme zu meinem dritten und letzten Punkt und möchte ein paar Wünsche formulieren. Nicht alles von den unter zwei genannten Tendenzen ist aus Sicht der Forscher erwünscht, das Meiste aber für die Betroffenen unabwendbar. Man denke etwa an die ebenso schleichende wie folgenreiche Umstellung der Forschungsförderung auf die EU.

Mein Anliegen wäre, zunächst ein Bewusstsein dafür zu erzeugen, dass die zunehmende und nicht immer professionell gehandhabte Einbindung in Kontroll- und Anreizsysteme Gefahren birgt. Dabei ist prinzipiell an die Gefahr der Produktion von hohler Betriebsamkeit zu denken, um Formalien Genüge zu tun: Forschungen finden im Rahmen von internationalen und interdisziplinären Tagungen statt, Tagungen produzieren Sammelbände, die einmal aufgebauten Netzwerke müssen gepflegt werden usw. Die vielfach angelegte Rückbindung an Mehrheitsmeinungen, umlaufende Stimmungen und letztlich sogar nur Ausrichtung an den oben genannten Manieren bzw. Stilvorlieben der evaluierenden Kollegen tut ein Weiteres, das Beschreiten neuer Wege zu erschweren, wo doch eigentlich strikt zum Gegenteil ermutigt werden sollte.

Bedenklich scheint ferner die biografische Verengung und Standardisierung von Karrierewegen, man betrachte etwa die Juniorprofessur und ihre fragwürdige Implementation.[11] Grundsätzlich formuliert: Die Einbettung weiterer administrativer oder juristischer Normen ins Leitbild Wissenschaftler und in die zugehörigen Karrierewege sollte nur mit äußerster Zurückhaltung erfolgen. Anstelle der geradezu ängstlichen Normierung von Wissenschaftlerbiografien sollte versucht werden, das Berufsbild und die Wege zu ihm offen zu halten. Das wäre auch eine Forderung sozialer Gerechtigkeit zu Gunsten jener, denen der direkte Weg nicht von Anfang an offenstand oder die sich parallel zu ihren Forschungen um andere Belange in ihrem Leben kümmern mussten als den Erwerb von (gewiss nützlicher) „Gremienkompetenz" bis zum 35. Lebensjahr.

Hinzu kommen auch auf biografischer Ebene die wissenschaftlichen Gefahren einer Vernormung der Kompetenzentwicklung und „Innovationsplanung". Sie lauten: Abschreckung originell denkender Kandidaten durch Konventionalisierung und Bürokratisierung des Wissenschaftlerberufs. Denn die verstärkten Schwerpunktsetzungen auf die administrativen Teile würden die Attraktivität dieser Lebensform weiter senken, zumal wenn man sie im Verbund mit weiteren Maßnahmen betrachtet, die derzeit ergriffen werden: Befristung bei Erstberufungen, Erhöhung der Lehrlast, Ausdünnung des Mittelbaus, empfindliche Beschränkungen von Druckkostenzuschüssen für geisteswissenschaftliche Monografien bei der DFG – all das und einige Zumutungen mehr schrecken unweigerlich ab, und zwar

---

[11] Jörg Rössel; Katharina Landfester; Ulrich Schollwöck, Die Juniorprofessur – Eine Bilanz ihrer Umsetzung, Abschlussbericht (Juli 2003), Berlin 2003, unv. Nachdruck 2004; Florian Buch; Katharina Landfester; Pia Linden; Jörg Rössel; Tassilo Schmitt, Zwei Jahre Juniorprofessur. Analysen und Empfehlungen, Broschüre, 2004.

vielleicht gerade jene Kandidaten, über deren Originalität man sich freuen würde. Dabei ist auch an die internationale Wettbewerbssituation zu denken, in der sich die universitäre Lehre weniger, aber die Spitzenforschung gewiss befindet: (Deutsche) Wissenschaft würde zunehmend unattraktiv werden.[12] Auch die grundsätzliche Vorstellung einer „Innovationsplanung" für die Wissenschaft ist abstoßend. Über all diesen Eingriffen scheint ohnedies das Verständnis dafür verloren zu gehen, dass Wissenschaft als eigener Raum betrachtet werden sollte, der einen hohen Autonomiebedarf hat.

Wenn denn aber schon zunehmend umfassendere Leitbilder und Normen dieses Inhalts entwickelt werden, dann sollten Institutionen den betroffenen Wissenschaftlern die Möglichkeit zum Erwerb bestimmter handwerklicher Fähigkeiten und Schlüsselkompetenzen anbieten: Didaktik, Projektmanagement, Öffentlichkeitsarbeit usw. Zugleich sollten sie die Last mitschultern, die die Wissenschaftler durch die ihnen neu zugewachsenen Aufgaben tragen müssen. Sie sollten sie bei ihrer Öffentlichkeitsarbeit unterstützen und ihnen Wege zur Forschungsfinanzierung weisen. Dass eine solche Stärkung der Universität aber nach Jahren der Verwahrlosung eintreten könnte, ohne dass die Politik damit weitere Eingriffe und Auflagen verbindet, scheint wenig wahrscheinlich.

Dass jedoch zahlreiche zentrale Tugenden des Wissenschaftlers nicht verschriftlicht sind, dass sie im klassischen Wissenschaftsbetrieb nur in der persönlichen Interaktion transferiert werden, ist ein Hinweis darauf, dass es sich bei Fragen von Lebensplanung und Lebensdeutung auch und gerade im akademischen Kontext vielleicht um besondere Wissensformen handelt, die in der Entwicklungspsychologie als „Weisheitswissen" bezeichnet werden.[13] Daher muß man bei allem Wunsch nach Belehrung der Lehrenden und professioneller „Modularisierung" der Kompetenzfelder[14] die Hoffnungen dämpfen, dass die Tugenden des Wissenschaftlers normierbar sind, dass alle Kompetenzen sich in Wochenendseminaren lehren und zertifizieren lassen: Zentrale Eigenschaften des Forschers bleiben dem instrumentellen Zugriff entzogen. Mir scheinen vor allem die Mentoren und „Senior Researchers" in der Pflicht, verantwortungsbewusst zu handeln, das heißt, eigene Erfahrungen und erworbenes Wissen weiterzugeben sowie Zeit und Energie in die Ausbildung von Nachwuchsforschern zu investieren.

Verrechtlichung und Vernormung sollten vor allem dort mobilisiert werden, wo die Selbststeuerungsmechanismen der Akteure, also Ethik und Manieren, zu schwach sind oder versagen. Im übrigen aber sollte man in keine Planbarkeitseu-

---

[12] Wolf Lepenies, Haltet die Forscher! Die Eliten fliehen – und neue sind nicht in Sicht, in: Süddeutsche Zeitung vom 9. August 2003.
[13] Siehe dazu die vielfachen Publikationen von Paul B. Baltes, etwa P. B. Baltes und Ursula M. Staudinger, Wisdom: metaheuristic (pragmatic) to orchestrate mind and virtue toward excellence, in: American Psychologist 55 (2000), S.122-136; dies. und Ulman Lindenberger, Lifespan psychology: Theory and application to intellectual functioning, in: Annual Review of Psychology 50 (1999), S.471-507.
[14] Wolff-Dietrich Webler, Professionelle Ausbildung zum Hochschullehrer. Modularisierter Auf- und Ausbau der Forschungs- und Lehrkompetenz sowie des Wissenschaftsmanagements in einem Curriculum, in: HSW 2/2004 S.66-74.

phorie verfallen, statt dessen auf die Selbstorganisationsfähigkeit von Individuen und Systemen vertrauen.

Diskussionsprotokoll

Mehrtens: Ich habe zu Ihrer Schlussbemerkung eine Nachfrage. Ich interpretiere Ihre Bemerkung so, dass Sie wesentlich auf die Selbstentwicklungsfähigkeit der Wissenschaftler setzen. Dass es zwar sinnvoll sein kann, Methodenkenntnisse, Prozesskenntnisse, Projektmanagement, Drittmittelakquise zu vermitteln, aber dass es darüber hinaus den Wissenschaftlern doch selbst überlassen sein solle, wie sie bestimmte zusätzliche Kenntnisse der wissenschaftlichen Profession entwickeln und sich entsprechend selbst aneignen.

Vec: Beides ist mir absolut sympathisch. Man sollte sich darüber im Klaren sein, dass die zusätzlichen Anforderungen, die in den letzten Jahren auf Wissenschaftler zugekommen sind, eine massive Unterstützung brauchen. Also, z.B. bei der Verwaltung von Drittmitteln oder bei der Einrichtung einer Website. Da sich Wissenschaftler mit einer sehr fachspezifischen Ausbildung in verschiedene Rollen, z.B. der Personalführung, erst einfinden müssen, sind differenzierte Fortbildungsangebote höchst erwünscht.

Darüber hinaus gibt es aber auch Bereiche, bei denen mir nicht ganz klar ist, was da die nötigen Schlüsselqualifikationen sind. Deshalb meine starke Akzentuierung, dass es da etwas jenseits von Administration gibt. Das haben Sie alles bei Ihren akademischen Lehrern schon erlebt. Es gibt ja begeisternde Lehrer an der Universität, und Sie können nicht so exakt normieren, was deren Qualität letztlich ausmacht. Diese Lehrer kamen teilweise schrecklich zu spät, haben die Vorlesung nur bis zur Hälfte durchgeführt, aber trotzdem waren das vielleicht die Persönlichkeiten, von denen Sie am meisten mitbekommen haben. Und diese Aspekte lassen sich nicht verregeln und gehen womöglich auch zugrunde, wenn man sie in Weiterbildungskurse presst.

Ich möchte deshalb vor allem auf die Grenzen von bestimmten Maßnahmen hinweisen, und bin der Ansicht, dass solche Maßnahmen vor allem einen komplementären Charakter besitzen. Daneben gibt es aber eben auch die persönliche Verantwortung im Lehrer-Schüler-Verhältnis. Das kennt man ja auch aus der Frauenförderung, dass bestimmte Sachen besonders gut funktionieren, wenn sie über Netzwerke laufen und eben nicht von oben geregelt sind.

Eisold: Aus der Sicht der Personalentwicklung reizt diese Position natürlich zum Widerspruch. Die rein fachliche Entwicklung eines Wissenschaftlers überlässt man ja auch nicht nur dem Zufall. Da gibt es ja schon von Beginn an bestimmte Vorstellungen, welche Fachgebiete und Themen man sinnvollerweise im Zuge der Ausbildung abdeckt. Muss man nicht auch die neben dem rein fachlichen Wissen liegenden Bereiche, häufig wird dabei ja von soft skills gesprochen, systematisch aufbauen und entwickeln? Sie haben richtig darauf hingewiesen, dass es Koryphäen gibt, es gibt sicher Ausnahmen, die über ihre Persönlichkeit, ihre Darstellung wirken können und überzeugen, ohne dass derjenige sich groß anstrengen muss. Ich würde aber mal behaupten, 70 bis 80% der Wissenschaftler erarbeiten sich das, und können sich auch weitere Kompetenzen erarbeiten, wie man z.B. als Forscher Wissen und Ideen weitervermittelt, auch an Mitarbeiter. Man hat als Forscher ja auch ständig eine Führungsaufgabe wahrzunehmen, angefangen bei Studenten, Diplomanden, Doktoranden.

Vec: Ich freue mich, dass Sie das, was ich so polemisch hineingestellt habe, aufnehmen, aber ich habe meine Zweifel, ob man wirklich sagen kann, dass die fachliche Entwicklung quasi objektiviert vermittelt wird. Da spielt sich unheimlich viel in Grauzonen ab, im Lehrer-Schüler-Verhältnis. Kann sein, dass es im Studium ein Curriculum gibt, dass man sagt: So, das muss am Ende des Studiums jetzt vorhanden sein – aber später in der Forschung ist es doch anders. Allerdings ist mein Beitrag jetzt ja kein Plädoyer dafür, keine Fortbildung zu machen, nur, es gibt vielleicht auch noch etwas, das nicht so steuerbar ist.

Dalhoff: Ich hatte auch einen dieser akademischen Lehrer, die nicht der Norm entsprechen, und der hat es wunderbar geschafft, mir ein Fachgebiet nahe zu bringen. Aber ich fürchte mal, all die Dinge, die er als Leiter eines Institutes erfüllen musste, haben ihm nicht so sehr gelegen. Das hat mich im Studium aber auch nicht sonderlich interessiert. Heute sehe ich da allerdings von einer anderen Warte drauf. Wenn sich diese Persönlichkeiten sozusagen im freien Spiel der Kräfte entwickeln sollen, haben einige dann vielleicht die Chancen genutzt, andere vielleicht aber auch nicht. Ich frage mich dann, wie suchen wir nun die besten für die Hochschulen aus? Anhand welcher Kriterien können wir vorher testen, ob sie sich tatsächlich zu den strahlenden Gestalten entwickeln, die wir gerne haben wollen?

Fiedler: Neben diesen schön leuchtenden und gelungenen Beispielen haben wir aber auch andere Beispiele. Es gibt leider auch immer noch den anderen Typ von Wissenschaftler, der so mit sich beschäftigt ist, dass er in der Regel eben nicht gut rüberkommt. Und wenn man an die Anforderungen denkt, die die Leitung eines Institutes stellt, sind solche Wissenschaftlerpersönlichkeiten halt nicht diejenigen, die das gut machen. In diesen Fällen denke ich schon, dass da Angebote vorhanden sein müssen, um sich weiterzuqualifizieren. Die Frage der Persönlichkeitsentwicklung dagegen ist natürlich auch eine Frage der wissenschaftlichen Sozialisation, das kann man nur schwer in ein Curriculum fassen. Da muss eine Umwelt so strukturiert sein, dass sie das Beste aus den Leuten herausholt. Das ist dann letztendlich die Kunst. Aber für andere Bereiche kann ich mir durchaus vorstellen, dass man mit gezielten Angeboten Potentiale entwickelt, die dann für die Profession auch notwendig sind. Da liegen wir sicher gut, wenn der Mix richtig ist.

Zechlin: Ich wollte noch mal auf Frau Dalhoff Bezug nehmen. Woran erkennt man, wie sich die Wissenschaftler entwickeln? Ich fand es ja gerade so beruhigend, dass Sie gerade das Moment der Nicht-Planbarkeit, und damit auch das Anarchische so betont haben, Herr Vec. Das wissen wir ja auch aus der Organisationsentwicklung, Sie können da ja die dollsten Analyse- und Planungsverfahren einsetzen, oder immer neue Managementmoden, die sich dann nach fünf Jahren wieder ändern, es bleibt immer ein Element dabei, was dann Persönlichkeit genannt werden kann. Da muss man tatsächlich einen entsprechenden Kontext aufbauen, in dem sich so etwas erst entwickeln kann. Aber ob das tatsächlich auch passiert, das wissen wir nicht vorher. Und das finde ich persönlich beruhigend. Kreativität ist nicht erzeugbar, produzierbar, und Wissenschaft lebt von Kreativität. Und auch das Wissenschaftsmanagement lebt ein Stück weit davon, dass die wissenschaftliche Kreativität erhalten bleibt. Und bei Personalentwicklern stößt das natürlich auf Widerstand, weil dort noch häufig die Vorstellung herrscht, wir als Personalentwickler sorgen dafür, dass das alles klappt.

Mehrtens: Ich möchte noch einmal eine Frage der Begriffsbestimmung ins Spiel bringen. Es war jetzt häufiger die Rede von Fortbildung, Weiterbildung. Ich bin der Meinung, dass diese Begriffe zu kurz greifen im Zusammenhang von Personalentwicklung. Personalentwicklung ist eher im Kontext von Förderung zu sehen. Jede Förderung ist etwas Implizites und erschöpft sich nicht in Trainings, sondern sie muss Raum schaffen und vielleicht auch Vernetzung ermöglichen, wenn dies notwendig ist oder gewünscht wird. Personalentwicklung hat folglich sehr individuelle Züge, dabei befinden wir uns aber keineswegs im Widerspruch zu einem maßnahmenorientierten Vorgehen, sofern man die Möglichkeit offen hält, unterschiedliche Wege zu gehen. Es gibt nicht ein Konzept zur Umsetzung einer Personalentwicklung im Wissenschaftsbereich. Sondern es ist ganz wichtig, dass wir Spielräume in der Umsetzung schaffen. Wir müssen auf die besondere Situation jedes Einzelnen Bezug nehmen. Insofern ist Personalentwicklung ein sehr aufwendiges Geschäft – viel komplexer als Weiterbildung.

Wissenschaftspolitik – Welches Karrierebild einer wissenschaftlichen Laufbahn bildet die Grundlage der Nachwuchsförderung?

Petra Hohnholz

Das Bundesministerium für Bildung und Forschung (BMBF) hat nicht *das eine Bild* einer wissenschaftlichen Karriere vor Augen. Das zeigt sich schon daran, dass es gleichzeitig NachwuchsgruppenleiterInnen im Rahmen des BioFuture Programms fördert und die Einrichtung von Juniorprofessuren unterstützt. Dass es die Vergabe von Promotionsstipendien über die Begabtenförderungswerke ermöglicht, wie auch Stipendien über die Graduiertenkollegs der DFG. Kurz, die Förderpolitik des BMBF steht für Vielfalt, nicht für Einfalt.

Sie ist in dieser Vielfalt Ausdruck sich überschneidender, teils sich ergänzender wissenschaftspolitischer Zielvorstellungen – letztendlich entstanden aus dem Bewusstsein, dass nur besondere Talente und herausragende Begabungen der Menschen in einem rohstoffarmen Land wie Deutschland Schlüssel zu Wachstum und Wohlstand sein können.

Eine einheitliche Definition dafür, wann von einer Förderung des wissenschaftlichen Nachwuchses gesprochen werden kann, gibt es nicht. Für das BMBF beginnt diese Förderung allerdings bereits in der Schulzeit und endet vor bzw. mit der Berufung auf eine W2- oder W3-Stelle. Die Fördermaßnahmen sind dementsprechend zwischen dem Bundeswettbewerb Jugend Forscht oder der Deutschen SchülerAkademie und dem Heisenberg-Programm der DFG angesiedelt – wenngleich sie sich insbesondere in der Phase der Promotion und der darauf folgenden Qualifikation ballen.

Der Strauß an unmittelbarer und mittelbarer Nachwuchsförderung des BMBF ist in den letzten drei Jahrzehnten immer größer und bunter geworden. Wo zunächst die rein individuelle Förderung durch Stipendien dominierte, ist unterdessen die Mischform zwischen bestimmten Fachrichtungen oder Themengebieten und Stipendien oder Stellen getreten. Die wenigen rein strukturbildenden Maßnahmen sind erst in den letzten Jahren hinzugekommen. Diese Entwicklung ist Ausdruck der Erkenntnis, dass die Förderung von besonderer Begabung und Exzellenz nach wie vor unerlässlich ist. Mit Blick auf die internationale Wettbewerbsfähigkeit des Wissenschafts- und Forschungsstandortes Deutschland ist sie aber nicht ausreichend.

Wollen wir uns den „Förderstrauß" einmal etwas genauer betrachten. Wobei ich hier nur einen kleinen Ausschnitt dessen erwähnen kann, was das BMBF alleine, zusammen mit den Ländern, zumeist (oftmals initiiert) durch Forschungseinrichtungen, Wissenschaftsorganisation oder andere Mittlerorganisationen im

Bereich der Nachwuchsförderung ermöglicht. Am einfachsten lassen sich die vom BMBF (mit-)finanzierten Programme vom Schwerpunkt der Fördermaßnahme her erklären:

1. Personengebundene Förderung

Das sind insbesondere die vom BMBF finanzierten Stipendien der elf Begabtenförderungswerke. Jährlich fließen 80,5 Mio Euro in diese Form der Förderung. Davon geben die Begabtenförderungswerke rund 30 Mio. Euro für die Promotionsförderung aus. Ebenfalls der vom BMBF allein finanzierte Heinz Maier-Leibnitz-Preis der DFG und der Sofja Kovalevskaja-Preis der Alexander von Humboldt-Stiftung (AvH) gehören in diese Kategorie. Gleichwohl der Preis der AvH neben der Personenförderung einen Schwerpunkt auf dem „home comig"-Effekt bzw. auf die Gewinnung herausragender Nachwuchswissenschaftler für den Standort Deutschland setzt. Auch das Emmy Noether-Programm der DFG (zu 58% finanziert durch den Bund) ist ein Instrument der „Personenförderung".

2. Themengebundene Förderung

Hierunter fallen neben den DFG-Graduiertenkollegs, die themengebunden ausgewählt werden, insbesondere das BioFuture-Programm des BMBF und ein vergleichbares Programm im Bereich der Nanotechnologie. Außerdem das Programm „Zentren für Innovationskompetenz", mit dem in den neuen Ländern themengebunden Nachwuchswissenschaftlergruppen ausgewählt und finanziert werden.

3. Förderung von innovativen Strukturen und Unterstützung neuer Strukturelemente

Hierunter lässt sich das von DAAD und DFG getragene und vom BMBF finanzierte Programm Promotion an Hochschulen in Deutschland einordnen, das im Gegensatz zu allen anderen Fördermaßnahmen im Promotionsbereich keine Stipendien, sondern ausschließlich strukturbildende Maßnahmen finanziert. Auch die Förderung der sachlichen Erstausstattung von Juniorprofessuren ist letztendlich ein strukturbildendes Programm, weil es maßgeblich die Einrichtung und Verbreitung des „Strukturelements" Juniorprofessur unterstützt.

Alle diese Maßnahmen sind eine nicht mehr wegzudenkende Unterstützung, ohne die eine facettenreiche Nachwuchsförderung, wie sie heutzutage selbstverständlich ist, nicht möglich wäre. Aber: ist dieses Spektrum geeignet, nicht nur die Finanzierung des wissenschaftlichen Nachwuchs insbesondere an den deutschen Universitäten zu unterstützen, sondern auch dessen Situation zu verbessern? Und: wie stellt sich die Situation des wissenschaftlichen Nachwuchses – seine Funktion im deutschen Forschungs- und Wissenschaftssystem dar?

Der wissenschaftliche Nachwuchs ist nicht nur die Zukunft, sondern bereits jetzt ein tragender Pfeiler. Leider „trägt" er bekannter und benannter Maßen oft zu viel Last. Wissenschaftlicher Nachwuchs ist billig und seine Finanzierung – mit Blick auf bestehende Kapazitätsprobleme an den Universitäten – relativ leicht einzuwerben. Alle Stufen der Qualifikationsphase zur Lebenszeitprofessur sind immer noch viel zu oft gekennzeichnet durch Unselbständigkeit und Abhängigkeit. Dieser Umstand wird oftmals quittiert durch viel zu lange Promotionszeiten und post doc-Phasen. Obwohl die Qualifikation zur ProfessorIn für alle Betroffenen klar ersichtlich gezeichnet ist durch ein hohes Maß an Selektion, ist ein positiver Ausstieg aus einer einst geplanten wissenschaftlichen Karriere in der Regel nur im zeitnahen Anschluss an die Promotion möglich. Dementsprechend steht im schlimmsten Falle nach vielen Jahren der „Bewährung", also am Ende des „Nachwuchsdaseins", Perspektivlosigkeit.

Neben der rechtzeitigen Identifikation einer passenden Alternative oder zumindest bestehenden Optionen außerhalb der Wissenschaft durch die Betroffenen, fehlt es m. E. an unbefristeten Stellen an den Universitäten unterhalb der Lebenszeitprofessur und tarifvertraglichen Vereinbarungen, die den besonderen Gegebenheiten an den Hochschulen und Forschungseinrichtungen gerecht werden. Denn – überspitzt formuliert – die Alternative „Lebenszeitprofessur oder ALG II" kann nicht ernsthaft das sein, womit der Wissenschaftsstandort Deutschland talentierte Nachwuchskräfte gewinnen und halten will.

Diese nur sehr kurz angerissene Problemlage wird auch zukünftig dazu beitragen, dass das BMBF zumindest auch strukturbildende Maßnahmen in den Fokus seiner Förderpolitik rücken muss. Ob der Bund hochschulpolitische Impulse geben oder Reformprozesse flankieren kann, hängt allerdings zunehmend von den Ländern ab. Diese Tatsache gewinnt insbesondere vor dem Hintergrund, dass morgen die dritte durch hochschulpolitische Maßnahmen motivierte Klage (in diesem Falle zunächst auf Erlass einer einstweiligen Anordnung) eines Landes gegen den Bund beim Bundesverfassungsgericht eingereicht wird, an immer größerer Bedeutung für die Zukunft der vom BMBF (mit-)getragenen Fördermaßnahmen.

Diskussionsprotokoll

Niehoff: Ich möchte auf die Juniorprofessur zurückkommen: Mich würde da interessieren, inwieweit die Juniorprofessur als Konzept taugt, um insgesamt mehr Frauen in die professorale Ebene hinein zu bekommen? Oder ob wir nicht doch andere Konzepte brauchen, um Wissenschaftlerinnen entsprechend zu fördern?
Hohnholz: Fakt ist, dass nur 13 bis 14% aller Professuren mit Frauen besetzt sind. Der Frauenanteil bei der Juniorprofessur ist mit 28% doppelt so hoch. Auch gibt es immer mehr Nachwuchsgruppenleiterinnen.
Mit Blick auf die trotz alledem nur sehr langsam ansteigende Prozentzahl von Frauen, die eine unbefristete Professur inne haben, halte ich es für überlegenswert,

ob es noch andere geeignete und zugleich rechtlich zulässige Methoden der Förderung von Frauen in Wissenschaft und Forschung geben kann.

Hubrath: Wo würden Sie in der Förderung des wissenschaftlichen Nachwuchses Schwerpunkte setzen? Gibt es Bereiche, in denen aus Ihrer Sicht besondere Defizite bestehen?

Hohnholz: Defizite bestanden aus meiner Sicht lange Zeit im Bereich der strukturierten Promotion. Diese werden durch die vielfältigen Förderprogramme, politische Initiativen wie dem Bologna-Prozess aber auch durch einen beginnenden Mentalitätswandel in vielen Universitäten immer weiter in Richtung „strukturiertes Promovieren" ausgeräumt. Eine Unterstützung mittels Fördergelder ist hier aber nach wie vor sehr wichtig.

Die frühe Eigenständigkeit von wissenschaftlichen Nachwuchskräften zu unterstützen, halte ich grundsätzlich für ein besonders förderwürdiges Anliegen.

Amend-Wegmann: Wie kann man Ihrer Einschätzung nach innerhalb der bestehenden Förderprogramme Bedingungen schaffen, damit Wissenschaftlerinnen nicht strukturell benachteiligt, sondern im Gegenteil stärker berücksichtigt werden?

Hohnholz: Es ist erforderlich, staatlich geförderte Programme regelmäßig zu evaluieren. Dabei muss auch die oftmals einhergehende Personenförderung und dessen Auswirkungen im Fokus stehen.

Mehrtens: Wie wird sich der Bund angesichts der sich verändernden Rahmenbedingungen – siehe die Förderalismusdebatte – künftig in die Förderung des wissenschaftlichen Nachwuchses einbringen? Sind schon heute Förderschwerpunkte und Förderstrategien auszumachen und welche Rolle spielt in diesem Zusammenhang die Förderung der Juniorprofessur im Rahmen einer systematischen Nachwuchsförderung?

Hohnholz: Auch wenn sich alle Beteiligten einig sind, dass es eine Reform des Grundgesetzes geben soll, ist offen, wie sie im Endeffekt aussehen wird. Alles weitere ist zur Zeit Spekulation.

Die Förderung der Forschungsausstattung von Juniorprofessuren hat sicherlich vielen Hochschulen geholfen, diese neue Personalkategorie einzuführen und vielen Nachwuchskräften einen besseren Start ermöglicht. Ob diese Förderung fortgesetzt wird, ist offen.

Möglichkeiten der Professionalisierung durch hochschulübergreifende Qualifizierungsangebote

Jutta Fedrowitz

Wissenschaftsmanager sind bloß gescheiterte Wissenschaftler? Das jedenfalls scheint das vorherrschende Rollenbild an Hochschulen zu sein. Bestenfalls sind sie glorifizierte Verwalter – so fasst das Times Higher Education Supplement einen Bericht der englischen Leadership Foundation zusammen.[15] „Academics have little desire to become managers, with the result that universities are not being run as well as they could be", stellt die Leadership Foundation fest, und: "universities are generally having to take more seriously the process of equipping their leadership teams for the very complicated change agenda".

Das Times Higher Education Supplement folgerte daraus, dass die Aufgaben von Wissenschaftsmanagern attraktiver gemacht werden müssten.

Die „change agenda" der Hochschulen ist umfangreich. Sie umfasst zahlreiche Themen, vom Bologna-Prozess über die Etablierung von Juniorprofessuren und der leistungsorientierten Professorenbesoldung bis zum Hochschulmarketing, Hochschul-Fundraising oder zur Besteuerung von Hochschulen, und sie betrifft verschiedene Ebenen der Hochschule. Veränderungen finden nicht nur in der „Zentrale", sondern auch auf Fachbereichsebene statt, hier stehen zur Zeit die (Neu-)Gestaltung von Auswahlprozessen bei Professuren und Studierenden und die diversen Aufgaben im Fakultätsmanagement auf der Agenda, und damit ist die Liste noch lange nicht abgeschossen. Wer soll diese zahlreichen und neuen Aufgaben bewältigen?

Derzeit werden Aufgaben im Wissenschaftsmanagement der Hochschulen entweder von Wissenschaftlern oder von Personen aus der Hochschulverwaltung wahrgenommen. Sie werden im besten Fall von ihrem Vorgänger vorbereitet, müssen sich jedoch wesentlich häufiger ihr Aufgabengebiet und die notwendigen Abläufe durch "learning by doing" erarbeiten. Professionalisierung ist daher eine wesentliche Anforderung an Personalentwicklung der Hochschulen.

Professionalisierung und Personalentwicklung stecken in den Hochschulen, zumal im wissenschaftlichen Bereich, im Vergleich zu Unternehmen und anderen Bereichen des öffentlichen Dienstes noch ganz in den Anfängen. Einige Universitäten haben bereits einzelne Programme für bestimmte Zielgruppen aufgelegt (wie z.B. die Universität Bremen für Juniorprofessoren und Naturwissenschaftlerinnen und die drei Berliner Universitäten mit dem ProFiL-Programm für Nachwuchswis-

---

[15] Times Higher Education supplement, February 11th, 2005; Phil Baty: „Manager roles fail to attract core staff".

senschaftlerinnen). An den meisten Hochschulen fehlt noch das Bewusstsein für die Notwendigkeit oder die Möglichkeiten, dass sich das wissenschaftliche Personal durch entsprechende Weiterbildung qualifiziert und professionalisiert.

Es gibt jedoch einige bundesweite und hochschulübergreifende Angebote und Trends, von denen im Folgenden drei als unterschiedliche Beispiele für Professionalisierung vorgestellt werden sollen:
- der „Hochschulkurs" des CHE Centrum für Hochschulentwicklung
- das „Karrierebild Fakultätsmanagement"
- der Weiterbildungsstudiengang Wissenschaftsmanagement der Fachhochschule Osnabrück.

Damit ist die Liste der Möglichkeiten noch nicht abgeschlossen, auch die Hochschule Bremen bietet einen berufsbegleitenden Masterstudiengang Wissenschaftsmanagement an, das Zentrum für Wissenschaftsmanagement ZWM in Speyer bietet ein Weiterbildungsstudium an, die Universität Oldenburg hat einen weiterbildenden internetgestützten Studiengang mit Abschluss MBA in Educational Management aufgelegt.

1. Der „Hochschulkurs – Fortbildung für das Wissenschaftsmanagement"

Das CHE Centrum für Hochschulentwicklung bietet seit 1995 bundesweit für Universitäten und Fachhochschulen Workshops für das Wissenschaftsmanagement an, zunächst mit Themen wie „leistungsorientierte Mittelverteilung", „Budgetierung" oder „Prozessoptimierung", die sich eher an die Hochschulverwaltung richteten. Bei der Evaluierung der Veranstaltungen und aus der Nachfrage der Hochschulen wurde deutlich, dass insbesondere Wissenschaftler, z.B. Dekane, auf ihre wachsenden Management-Aufgaben kaum vorbereitet sind. Daher hat das CHE in 1998 und 1999 Workshops über aktuelle Themen der Hochschulentwicklung für Dekane aller Fachrichtungen angeboten, und das Angebot traf auf das Interesse der Zielgruppe.

Seit dem Jahr 2000 hatten Teilnehmer aus Wissenschaft und Verwaltung von Universitäten und Fachhochschulen dann die Möglichkeit, sich im neu angebotenen „Hochschulkurs – Fortbildung für das Wissenschaftsmanagement" weiterzubilden.[16] Der „Hochschulkurs" wurde gemeinsam mit dem Weiterbildungszentrum der Freien Universität Berlin konzipiert, das seit 1996 für Hochschulverwaltungen der Länder Berlin und Brandenburg das „Hochschulmanagement"-Programm anbietet.

Der „Hochschulkurs" hat im Wesentlichen drei Ziele:
- die Unterstützung von Hochschulreform(en) durch Know-how,
- Professionalisierung der Akteure an Hochschulen und
- Handwerkszeug für den Arbeitsalltag an Hochschulen zu vermitteln.

---

[16] Website und Programme: www.hochschulkurs.de.

Zielgruppen des „Hochschulkurses" sind sowohl leitende akademische als auch leitende administrative Mitarbeiter/innen (wie Rektoren, Präsidenten, Kanzler, Verwaltungsleiter, Dekane, Fachbereichsleiter sowie Leiter von Instituten und zentralen Einrichtungen).

Das Hochschulkurs-Programm bietet aktuelle Themen des Wissenschaftsmanagements in zweitägigen Workshops an, darüber hinaus Fortbildung in Schlüsselqualifikationen wie Konfliktmanagement, Moderation oder Verhandlungsführung.

Der „Hochschulkurs" lässt sich weiterhin durch einige Zahlen und Fakten charakterisieren:

In den ersten Jahren von 2000 bis 2004 fanden im Hochschulkurs 59 Workshops statt, davon 55 in Kooperation mit dem Weiterbildungszentrum der FU Berlin. In diesen Workshops wurden 30 verschiedene Themen aufgegriffen, einige Themen auch mehrfach oder mit Aktualisierungen behandelt. In dieser Zeit nahmen 1142 Personen am Hochschulkurs teil, deren Herkunft innerhalb Deutschlands ausgewogen mit einer gewissen regionalen Schwerpunktsetzung aus Nordrhein-Westfalen, Niedersachsen und Berlin war.

Das Fortbildungsprogramm ist nach fünf Jahren gut eingeführt und gut nachgefragt (in 2004 waren durchschnittlich 88% der Plätze pro Veranstaltung besetzt), zu bestimmten Themen überstieg die Nachfrage das Platzangebot.

Jede Veranstaltung wird durch die Teilnehmer/innen bewertet und ggf. überarbeitet. Das CHE orientiert die Themenauswahl am Bedarf der Hochschulen und an der Erfahrung in anderen Projekten (in 2004: Akkreditierung, BA/MA und Modularisierung, Besteuerung von Hochschulen, Fakultätsmanagement, Konfliktmanagement, Professorenbesoldung, Serviceorientierung, Steuerungssystematik, Verhandlungsführung). Der Hochschulkurs erreicht die wichtigen und richtigen Zielgruppen in den Hochschulen, wenn auch bisher „nur" ca. 200 von ca. 1.900 Dekanen bzw. Fachbereichsleitern teilgenommen haben.

Im Zeitraum von März 2003 - März 2004 hatte der Hochschulkurs 216 Teilnehmer, etwa die Hälfte davon waren Dekane oder Prodekane bzw. dem Dekanat oder einem Fachbereich zugehörig. Die Verwaltung, d.h. Kanzler oder zentrale Verwaltung, wurde fast in gleicher Stärke erreicht (Abb. 1).

Fast alle Workshops sind zweitägig und finden in kleiner Runde mit maximal 25 Teilnehmenden statt. Dadurch ergibt sich ein intensiver Austausch nicht nur zwischen Teilnehmern und Referenten, sondern ein „networking", das von den Teilnehmenden sehr geschätzt wird. Der Hochschulkurs wird vom CHE fortgesetzt.

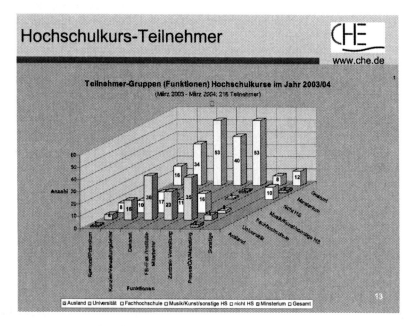

Abb. 1: Teilnehmer Gruppen im Hochschulkurs März 2003-März 2004

2. Das „Karrierebild Fakultätsmanagement"

Anfang 2004 zeigte sich, dass viele Fakultätsgeschäftsführer (Fakultätsreferenten, Fakultätsassistenten oder Fachbereichsgeschäftsführer sind weitere Bezeichnungen für diese Positionen) am Hochschulkurs teilgenommen hatten. Das legte den Schluss nahe, dass in der „Grauzone" zwischen Wissenschaft und Verwaltung auch in den Fachbereichen ein neues Karrierebild entsteht, denn die Anforderung an die Selbstverwaltung dezentraler Einrichtungen steigt durch zahlreiche Reformen in den Hochschulen. Damit steigt auch der dauerhafte Bedarf an Management-Kompetenz. Dies führt zur Einrichtung von Stellen, die bisher in der Stellensystematik der Hochschulen nicht vorgesehen waren. Das hat das CHE bzw. die CHE Consult GmbH (eine Ausgründung des gemeinnützigen CHE, früher unter HEConsult GmbH eingetragen) dazu veranlasst, eine Befragung dieser Personengruppe durchzuführen, um deren Aufgabenbereich und Arbeitsbedingungen besser kennen zu lernen.[17]

---

[17] Hannah Leichsenring, Christian Berthold, Umfrage unter Fachbereichs-Geschäftsführern und Geschäftsführerinnen, HEConsult 2004, www.hochschulkurs.de/sf3_2004_umfrage_hec.pdf.

Zunächst wurden ca. 1.900 Fachbereiche gefragt, ob sie solche Positionen eingerichtet hätten. Es antworteten 103 Fachbereiche, davon 83 aus Universitäten. In diesen wurden die „Fachbereichsmanager" befragt, und zwar nach
- ihren Aufgaben und deren Vergütung
- ihren Schwierigkeiten, aber auch nach
- ihrer Zufriedenheit.

Darüber hinaus wurde nach einer möglicherweise idealen Stellenkonstellation geforscht, denn es war eine Grundüberlegung der Befragung, dass die Einrichtung einer Stelle für die Aufgaben möglicherweise zu Rollenkonflikten und Unsicherheiten auf Seiten des Stelleninhabers und der anderen in der Fachbereichs-/Fakultätsleitung Tätigen führen könnte. Es antworteten 38 Personen, davon 31 aus Universitäten. Damit ist die Stichprobe zwar klein, kann aber erste Anhaltspunkte für ein neues Karrierebild liefern. Im Folgenden werden kurz die wichtigsten Ergebnisse aufgeführt.

Die Vergütungsgruppen der Fachbereichsmanager erweisen sich als unterschiedlich. Die Stellen sind in der Mehrzahl der Fälle nach BAT IIa/A13 und BAT Ib/A14 bezahlt, was vermutlich damit zusammen hängt, dass sie aus Umwidmungen aus dem wissenschaftlichen oder dem Verwaltungsbereich entstanden sind. So sind 16 Stellen der Verwaltung zugeordnet, 22 sind Stellen für wissenschaftliche Mitarbeiter, meist mit zwei bis vier Semesterwochenstunden Lehre. Diese Unentschiedenheit in der Stellenzuordnung wird voraussichtlich so lange erhalten bleiben, wie die Stelleninhaber ihre Karrierechancen im wissenschaftlichen Bereich sehen.

Die Mehrzahl der Fachbereichsmanager ist mit ihrer Aufgabe sehr zufrieden:

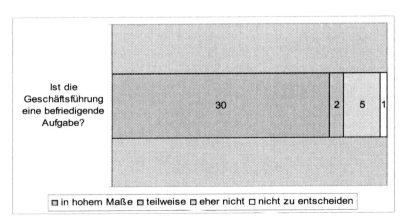

Abb. 2: Zufriedenheit hinsichtlich Gestaltungsmöglichkeiten, Vielseitigkeit, Akzeptanz und Ansehen; Unzufriedenheit hinsichtlich mangelnder Befugnisse, Tendenz zur Überlastung und mangelnder Resonanz (Anzahl der Nennungen)

Ihre Aufgabenfelder befinden sich irgendwo auf der Skala zwischen „Chef/in des Dekanats" und „Lastesel", oftmals liegt keine Stellenbeschreibung vor und die Stelleninhaber müssen ihre Aufgaben selbst finden.

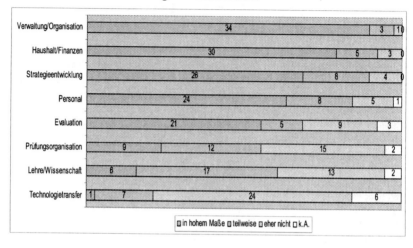

Abb. 3: Aufgabenfelder (Anzahl der Nennungen)

Ebenso unterschiedlich wie die Aufgaben sind die Erwartungen des Fachbereichs, angesichts derer dem Stelleninhaber eine gewisse Machtbefugnis eingeräumt werden oder bei einer zuarbeitenden Funktion diplomatisches Geschick erwartet werden müsste.

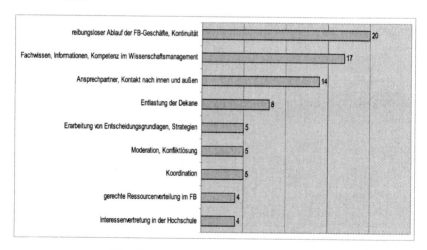

Abb. 4: Erwartungen des Fachbereichs (Anzahl der Nennungen)

Die Erwartungen der jeweiligen Hochschulleitung an die Funktion der Fachbereichsmanager sind dagegen meist nicht formuliert, die Stelleninhaber formulieren hier an erster Stelle die Ansprechspartner-Funktion für alle den Fachbereich betreffenden Fragen, die Umsetzung der Vorgaben der Hochschulleitung sowie die Schnittstelle zwischen Fachbereich und Zentrale zu sein.

Die Aufgaben im Fachbereich sind erwartungsgemäß nicht ohne Schwierigkeiten zu erfüllen, Bürokratie, mangelnde Professionalität sowie mangelndes Engagement der Professoren wurden am häufigsten genannt:

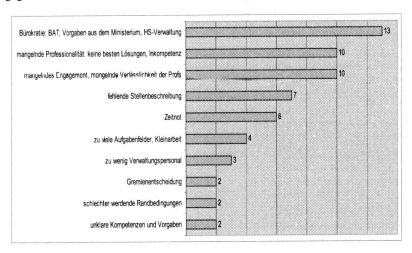

Abb. 5: Schwierigkeiten des Fachbereichsmanagements (Anzahl der Nennungen)

Die Frage nach einer idealen Stellenkonzeption konnte in dieser Untersuchung letztlich nicht beantwortet werden, zu unterschiedlich sind die Anforderungen der Fachrichtungen, die Größen der Fachbereiche, die Kompetenz- und Aufgabenbereiche.

Die Autoren haben daher drei Typen der Stellenkonzeption angenommen, die sich folgendermaßen beschreiben lassen:
1. „Dekansassistent": Die Stelle soll zur Habilitation führen.
2. „Dekanatsleiter": Bei der Stelle handelt es sich um eine qualifizierte Erweiterung des Verwaltungspersonals.
3. „Fachbereichsmanager": Der Stelleninhaber handelt im Auftrag des Fachbereichsrats, ist dem nichtwissenschaftlichen Personal vorgesetzt und in strategische Fragen eingebunden.

Der Abgleich dieser drei Typen der Stellenkonzeption mit den Daten der Befragung ergab, dass es sich bei 1. zumeist um akademische Stellen mit uneinheitlichen Vergütungsgruppen handelte, darunter auffallend häufig A-Stellen, dass die derzeitigen Stelleninhaber in den 1990er Jahren auf die Stellen gekommen waren. Die Aufgaben erstreckten sich im Wesentlichen auf Lehre und Forschung (Koordination von Habilitationen, Organisation des Lehrangebots, Entwicklung von Studienprogrammen, Begleitung von Evaluationen und Akkreditierungen), auf strategischen Gebieten (Entwicklungsplanung), in der Verwaltung (Gremienbetreuung) und Vertretung des Fachbereichs innerhalb der Hochschule. Als größtes Problem wurde hier die fehlende Stellenbeschreibung genannt.

Beim 2. Typ „Dekanatsleiter" ergab der Abgleich mit den Daten der Befragung, das es sich mehrheitlich um akademische Stellen handelt, von denen die Hälfte erst nach dem Jahr 2000 eingerichtet wurde. Die Aufgaben wurden als „Wissenschaftsmanagement", „Change Management" beschrieben und die wichtigsten Aufgabengebiete waren Strategieentwicklung für den FB, Organisation von Prüfungen, Verwaltungsaufgaben und Aufgaben im Personalbereich (z.b. Vorgesetztenfunktion, Organisation von Berufungsverfahren).

Hinsichtlich des 3. Typs „Fachbereichsmanager" ergab ein Abgleich mit den Befragungsdaten keine deutlichen Tendenzen, die Stellen waren zur Hälfte Verwaltungsstellen, zur Hälfte akademische Stellen mit Schwerpunkt bei BAT IIa (und einer Streuung von Vb bis Ib). Die Mehrzahl der Stellen wurde erst nach 2000 eingerichtet, die Aufgaben liegen schwerpunktmäßig im Bereich Lehre und Wissenschaft, und die größte Schwierigkeit liegt bei den mangelnden (offiziellen) Befugnissen.

Die Professionalisierung der Fachbereichsmanager ist von besonderer Bedeutung, da der Erfolg der verschiedenen Reformprozesse in den Hochschulen und der Erfolg im Selbstmanagement auf Fachbereichsebene entschieden wird. Die Autonomie der Hochschulen wird durch das Selbstmanagement auf Fachbereichsebene unterstützt. Hier müssen Strategien umgesetzt und Studierende ausgewählt oder die richtigen Professoren mit angemessenen Verfahren berufen werden. Hier entscheidet sich der Erfolg der Bachelor- und Master-Studiengänge und auch der der Absolventen, hier findet Internationalisierung letztlich statt, um nur einige Themen der Reform-Agenda zu nennen. Mit Blick auf das Karrierebild „Fachbereichsmanager" besteht Klärungsbedarf insbesondere bei den folgenden Fragen:

- Worin genau bestehen die neuen Aufgaben, welche Kompetenzen sind dafür nötig?
- Welches sind die Erwartungen des Fachbereichs?
- Ist die Stellenbeschreibung offen, flexibel und anpassungsfähig?
- Wird die hohe Qualifikation der Stelleninhaber genutzt?
- Wie ist die Zusammenarbeit in der Hochschule?
- Welche Weiterbildung wird Fachbereichsmanagern für neue Aufgaben angeboten?
- Wie sind die Personen vernetzt?[18]

---

[18] Für die Vernetzung von Fachbereichsmanagern hat CHE Consult ab Oktober 2005 ein Internet-Portal www.fakultaetsmanagement.de eingerichtet. Ziel des Portals ist es, eine Austauschplattform zu bieten, auf der sich die Benutzer gegenseitig über ihre Erfahrungen und über aktuelle Entwicklungen informieren. Es wird darüber und durch zusätzliche Informationen eine Material-

Ein Fazit der Untersuchung ist, dass die Einrichtung von Geschäftsführungsstellen in Fachbereichen für den Gesamt-Erfolg der Hochschulen hilfreich, wenn nicht sogar notwendig ist, unter der Voraussetzung, dass sich die Fachbereiche über ihre Ziele und Erwartungen klar werden und Konzepte für diese Positionen entwickeln.

Unter den Fakultätsmanagern befinden sich überdurchschnittlich viele Frauen, das legt eine Auswertung der Teilnehmer-Statistiken des CHE-Hochschulkurses nahe. Von Juni 2003 bis September 2005 haben 150 Teilnehmer an sechs Fakultätsmanagement Basis-Workshops teilgenommen, darunter 81 Fakultätsmanager oder Fachbereichsgeschäftsführer/innen (oder Teilnehmer mit entsprechenden Funktionsbezeichnungen). Von diesen 81 waren 54 Frauen, also genau zwei Drittel der Teilnehmer. Möglicherweise, will man nicht eine größere Bereitschaft zur Fortbildung zur Annahme machen, werden diese Positionen deutlich häufiger mit Frauen als mit Männern besetzt. Eine zur Zeit geplante weitere Befragung wird vielleicht zeigen, dass sich hier gerade für Frauen in der Wissenschaft ein neues Karrierebild entwickelt. Dieses Karrierebild ist attraktiv, wenn man der Aussage eines Hochschulkurs-Teilnehmers folgen will: „Die Position der Fachbereichsgeschäftsführung ist eine der spannendsten Aufgaben, die Hochschulen zu vergeben haben."

3. Der Weiterbildungsstudiengang „Hochschul- und Wissenschaftsmanagement" der FH Osnabrück

Ein weiteres Beispiel für ein hochschulübergreifendes Qualifizierungsangebot zur Professionalisierung im Wissenschaftsmanagement ist der Weiterbildungsstudiengang „Hochschul- und Wissenschaftsmanagement" an der Fachhochschule Osnabrück. Das CHE unterstützt und begleitet diesen Studiengang in Person von Prof. Dr. Frank Ziegele, der die erste Professur für Hochschul- und Wissenschaftsmanagement in Deutschland angetreten hat und Mitarbeiter des CHE ist[19], zwei weitere Mitarbeiter nehmen an dem Studiengang teil.

Der viersemestrige Studiengang bietet als mögliche Abschlüsse
- einen Master of Business Administration (MBA),
- die Zugangsberechtigung für den höheren nichttechnischen Verwaltungsdienst sowie
- die Zertifizierung einzelner inhaltlicher Module

und ist zu 75% als Selbststudium, zu 25% als Kontaktstudium organisiert. Pro Semester finden drei Module und sechs bis neun Präsenzseminare statt. Die Präsenzseminare sind zweitägig (an Freitagen und Samstagen) und haben einen

---

sammlung entstehen, die für Personen, die sich mit Fakultätsmanagement beschäftigen, zur Verfügung steht.

[19] www.wiso.fh-osnabrueck.de/hwm.html, Ansprechpartnerin Marlene Schwegmann, Tel. 0541-9693177, m.schwegmann@fh-osnabrueck.de, 1.200€/Semester zzgl. Semesterbeitrag

zweiwöchigen Rhythmus. Die Prüfungsformen sind vorwiegend Klausuren (an Samstagen) und Hausarbeiten, die zum Ende des Semesters abgegeben werden.

Interessant ist das Teilnehmerprofil der Studierenden in 2004/2005, das von der FH Osnabrück erstellt wurde:
34 Studierende (16 Frauen und 18 Männer) nahmen im genannten Zeitraum an dem Studiengang teil. 40% der Studierenden haben bis zu fünf Jahren Berufserfahrung, etwa ein Drittel hat mehr als zehn Jahre Berufserfahrung, 15% sind promoviert, 24% arbeiten in Leitungspositionen.

Die Arbeitgeber der Studierenden sind zu 65% in der Hochschule und zu 15% in Forschungseinrichtungen zu finden, der Rest verteilt sich auf öffentliche Verwaltung, Privatwirtschaft und sonstige Arbeitgeber.
Als Gründe für die Aufnahme dieser Ausbildung wurden von den Teilnehmern genannt:
- Erwerb theoretischer Grundlagen für die vorhandene Praxis
- Erweiterung/Abrundung des eigenen Qualifikationsprofils
- Aktualität und Zusammenstellung der Studieninhalte
- direkter Praxisbezug
- Vereinbarkeit mit dem Beruf/Studierbarkeit
- renommierter Studienabschluss.

Auch die Zielsetzungen der Studierenden wurden von der FH Osnabrück erhoben:
- Mitarbeit im Hochschulmanagement
- Übernahme von Leitungspositionen
- Weiterentwicklung/Qualitätssteigerung der jetzigen Tätigkeit
- Anpassung an verändertes Qualifikationsprofil
- Wechsel des Aufgabengebiets oder der Einrichtung.

Damit wird deutlich, dass die Professionalisierung, die durch den Osnabrücker Studiengang angeboten wird, auch von den Studierenden erwünscht ist und in absehbarer Zeit an einigen Hochschulen und Wissenschaftseinrichtungen in der Praxis spürbar sein wird.

4. Schlussbemerkung

Die drei in diesem Beitrag vorgestellten Beispiele für hochschulübergreifende Qualifizierung und Professionalisierung im Hochschulbereich zeigen, dass sich wissenschaftliche Rollen und Karrierebilder weiter differenzieren. Aus diesem Grund, aber auch um der Autonomie der Hochschulen willen, sind solche Qualifizierungsangebote weiterhin notwendig und werden vermutlich in zunehmendem Maße nachgefragt. Dabei können Kurzzeit-Angebote wie zweitägige Fortbildungen nur ein Einstieg oder ein Akut-Hilfe sein.

Eine völlig offene Frage (die an die Wissenschaftsministerien der Länder zu stellen ist) ist angesichts der finanziellen Situation der Hochschulen, wie die nötige Weiterbildung finanziert werden kann. Dies könnte im Rahmen von Personalentwicklungsprogrammen in der und für die Wissenschaft geschehen, ein Bereich, der in deutschen Hochschulen nur inselartig mit Einzelprogrammen vertreten ist und noch völlig in den Anfängen steckt.

Ohne Personalentwicklung im wissenschaftlichen Bereich kann jedoch die Hochschulentwicklung auf Dauer nicht gelingen.

Diskussionsprotokoll

Mehrtens: Meine Frage bezieht sich auf das Rollenverständnis des neuen Berufsbildes Fakultätsgeschäftsführer: Sind sie zentraler Träger einer Professionalisierung des Wissenschaftsmanagements oder sollen sie lediglich das operative Tagesgeschäft der auf Zeit gewählten Dekane unterstützen?
Fedrowitz: Die Befragung von CHE Consult ergab, dass es im Wesentlichen zwei Typen von Fakultätsgeschäftsführern, Fakultätsassistenten, Fachbereichsreferenten, je nachdem wie die verschiedenen Bezeichnungen für diese Position lauten, gibt: den Assistenten, der das Tagesgeschäft unterstützt, oder den Geschäftsführer, der mancherorts auch dem nichtwissenschaftlichen Personal vorgesetzt ist, der für Kontinuität sorgt und auch wichtige Prozesse wie Evaluations- und Akkreditierungsverfahren oder Berufungsverfahren koordiniert.
Tillmann: Wie setzen sich die Teilnehmer Ihrer Kurse zusammen? Gibt es auch direkte Angebote für Dekane?
Fedrowitz: Das CHE hatte in 1998 und 1999 ein Angebot für Dekane; in den Workshops des „Hochschulkurses" sitzen Wissenschaft und Verwaltung zusammen. Das hat einen sehr positiven Effekt, da die Wissenschaftler mit Verwaltern (und umgekehrt) aus anderen Hochschulen oft Problemkreise ansprechen, die sie an der eigenen Hochschule mit den Betreffenden nicht thematisieren. In den Fakultäts-management-Workshops nehmen Fakultätsgeschäftsführer und Dekane gemein-sam teil, der Trend geht wohl dahin, dass die Dekane die Teilnahme an die Fakultätsgeschäftsführer, wenn vorhanden, delegieren. Wir halten die Manage-ment-Fortbildung für Dekane, vor allem für die, die neu im Amt sind, dennoch für wichtig.
Walter: Ein professionelles Management auf Fakultätsebene ist in Zeiten des Globalhaushaltes unverzichtbar. Hier muss stärker als bisher das Bewusstsein geschaffen werden, dass beide Bereiche – Wissenschaft und Verwaltung – besser zusammenarbeiten. Welche Erfahrungen haben Sie hinsichtlich der Zusammenarbeit zwischen Dekanen und Fakultätsgeschäftsführern gemacht?
Fedrowitz: Die Geschäftsführer verstehen sich ja nicht als Verwaltung, zumindest nicht, sofern sie aus der Wissenschaft, oft sogar aus dem Fach kommen, das die Fakultät vertritt. Sie verstehen sich eher als „Mittler zwischen den Welten". Für Dekane, die neu im Amt sind, ist es hilfreich, einen erfahrenen Geschäftsführer zu haben.
Eisold: Wir bilden am Forschungszentrum Karlsruhe qualifizierte Wissenschaftler, die sich bewusst entschieden haben, von der Wissenschaft in die Verwaltung zu wechseln, am Zentrum für Wissenschaftsmanagement in drei Monaten zu

Administratoren aus. Der Vorteil liegt darin, dass die betreffenden Personen über ausgesprochen gute Kenntnisse in ihrem Fach verfügen und aufgrund dessen auf hohe Akzeptanz in ihrer scientific community treffen. Können Sie diese Erfahrungen bestätigen?

Fedrowitz: Das kann ich bestätigen, davon berichten viele Fakultätsgeschäftsführer in unseren Workshops. Bei den Medizinern hieß es allerdings auch einmal, die Fakultätsgeschäftsführung solle besser kein Mediziner übernehmen, was immer das bedeuten mag. Nun hat nicht jede oder jeder drei Monate für die Fortbildung zur Verfügung, daher bieten wir zweitägige Veranstaltungen und Inhouse-Workshops an und die Fachhochschule Osnabrück einen berufsbegleitenden Studiengang „Hochschul- und Wissenschaftsmanagement", der mit einem MBA abschließt.

Hubrath: Welche Rolle spielt die Ausbildung von Führungskompetenz innerhalb des Qualifizierungsangebotes für die Fakultätsgeschäftsführer? Sehen Sie hier mittel- und langfristig einen steigenden Bedarf nach Qualifizierung oder würden Sie Führungskompetenz eher als Kernkompetenz der Dekane ansehen?

Fedrowitz: Führung und Führungskompetenz ist Thema in unserem Angebot der Vertiefungsworkshops. Hier gibt es sicher großen Bedarf bei Fakultätsgeschäftsführern und bei Dekanen. Es geht ja oft darum, für Mitwirkung bei Veränderungsprozessen zu motivieren, Stichworte sind hier z.B. leistungsorientierte Mittelverteilung, Strategieprozesse, bessere Berufungsverfahren. Oder denken Sie an Fusionsprozesse von Fachbereichen: Führung durch Kommunikation ist hier ein wichtiges Stichwort.

Kompetenzfelder in der Wissenschaft

Margarete Hubrath

Welche Erfordernisse und Voraussetzungen müssen eigentlich erfüllt werden, um in der Wissenschaft erfolgreich zu sein und – für viele Nachwuchswissenschaftler/innen nach wie vor höchstes Ziel – auf eine Professur berufen zu werden? Professorale Mitglieder in Berufungskommissionen bilden sich in der Regel recht schnell einen Eindruck, ob ein/e Bewerber/in gut und begabt ist, exzellent oder doch eher Mittelmaß, und folglich berufbar oder nicht. Schwerer fällt es jedoch, diese von den Kommissionsmitgliedern selten übereinstimmend gefällten Urteile im anschließenden Diskussionsprozess auf einhellige Kriterien zurückzuführen. Wissenschaftliche Beurteilungs- und Bewertungspraxen gründen offensichtlich stark auf impliziten Normen und informellen, kontextbezogenen Kriterien.[20]

Veränderungen im System

In diesem an sich durchaus funktionalen, wenn auch gewiss nicht immer „gerechten" System hat die letzte Novellierung des Hochschulrahmengesetzes mit der Einführung der 12-Jahres-Befristungsregel[21] eine folgenreiche Veränderung initiiert. Damit wurde erstmalig ein offizielles Signal gesetzt, dass nicht alle begabten Wissenschaftler/innen die Chance haben, dauerhaft in Deutschland in der Wissenschaft beschäftigt zu sein. Bis dahin ließ sich auf wechselnden Projektstellen an unterschiedlichen Hochschulen oder Forschungseinrichtungen sehr lange mit der Hoffnung leben, dass es irgendwann doch noch mit der Festanstellung klappen werde.

In sehr vielen Fällen führte das in der Vergangenheit spätestens beim Erreichen der Altersgrenze für eine Berufung zu schmerzhaften Erkenntnissen und der Notwendigkeit, im nun schon meist deutlich fortgeschrittenen Alter noch einmal neue berufliche Perspektiven zu entwickeln, so man nicht in der Zwischenzeit geerbt hatte. Dass es ob dieser Situation nicht schon viel früher zu öffentlichen Diskussionen und vielleicht auch Protesten über die Situation des wissenschaftlichen Nachwuchses in diesem Land gekommen ist, liegt meines Erachtens daran, dass der Nicht-Verbleib in der Wissenschaft in Deutschland traditionsgemäß als privates Problem und individuelles berufsbiographisches Scheitern wahrgenommen wird: Da die Guten sich erfahrungsgemäß immer durchsetzen, war man of-

---

[20] Vgl. hierzu Sandra Beaufaÿs: Wie werden Wissenschaftler gemacht? Beobachtungen zur wechselseitigen Konstitution von Geschlecht und Wissenschaft. Bielefeld 2003.
[21] Deren Rücknahme jetzt im Sommer 2006, also anderthalb Jahre nach der Tagung, bereits wieder diskutiert wird.

fensichtlich einfach nicht gut genug. So gut wie keine Verantwortung wird mit dieser Logik auf Seiten der Hochschulen und Forschungseinrichtungen verortet, welche Nachwuchswissenschaftler/innen immerhin so zahlreich ausbilden, dass in vielen Fächern mittlerweile 200 und mehr Bewerbungen auf eine ausgeschriebene Professur die Regel darstellen.

Mit der Anwendung der 12-Jahres-Befristung schlägt nun jedoch eine neue Rigorosität in der Wissenschaft durch,[22] vor deren Hintergrund die Frage nach der Verantwortung für den Nicht-Verbleib ebenfalls neu beantwortet werden kann. Nun verweigert das System lauter begabten Nachwuchswissenschaftler/innen die Möglichkeit zur Weiterbeschäftigung.

Von dieser Rigorosität ist die ebenfalls neu eingeführte Personalkategorie der Juniorprofessur noch einmal besonders betroffen. § 48 HRG sieht vor, dass die Juniorprofessor/inn/en nach drei Jahren evaluiert werden, um festzustellen, wer sich als Hochschullehrer oder Hochschullehrerin bewährt habe. Damit wird zum ersten Mal Evaluation in der Wissenschaft nicht nur als Mittel zur Qualitätssicherung eingesetzt, sondern zum entscheidenden Kriterium über den Verlauf von Berufsbiographien erhoben, indem die Bewertung einer Reihe von Leistungsmerkmalen über den weiteren Verbleib in der Wissenschaft entscheidet.

Leistungsmerkmale für Professuren

Für die Hochschulen folgte daraus die Notwendigkeit zur Entwicklung von differenzierten Verfahren, mit denen die Befähigung zum Hochschullehrer beschreibbar und überprüfbar gemacht werden kann. Nicht zuletzt aus Rechtsstaatlichkeitsgesichtspunkten muss für künftige Juniorprofessor/inn/en absehbar sein, welche Evaluationskriterien für ihre Beurteilung maßgeblich sind. Diese Anforderung ist in ihren Folgen überaus interessant, denn damit setzt an den Hochschulen ein Verständigungsprozess darüber ein, welche Vorrausetzungen, Fähigkeiten und Qualifikationen für das Berufsbild Hochschullehrer/in an den einzelnen Universitäten und Fachbereichen als wesentlich betrachtet werden.[23]

Entsprechend der von den Hochschulen sehr unterschiedlich gehandhabten Berufungspraxis bei der Besetzung ihrer Juniorprofessuren werden auch die aktuell stattfindenden Evaluationen der ersten Generation von Juniorprofessor/inn/en je nach Hochschule und Fakultät mehr oder minder extensiv umgesetzt. Aufschlussreich für eine Bestimmung der Qualitäten, die für eine Berufung als erforderlich erachtet werden, sind vor allem die Evaluationsordnungen derjenigen Universitäten, in denen das Modell Juniorprofessur als eine vielversprechende Möglichkeit zur Entwicklung und Profilierung der Hochschule angesehen und

---

[22] Dies wird auch an der großen Zurückhaltung vieler Universitäten deutlich, die vom Gesetzgeber ja ausdrücklich vorgesehenen Regelungen des Teilzeit- und Befristungsgesetzes für eine Weiterbeschäftigung von Wissenschaftler/innen nach Ablauf der 12 Jahre anzuwenden.
[23] Es wird abzuwarten sein, inwieweit die Evaluationen der Juniorprofessor/inn/en weitere Auswirkungen auf die Gestaltung von Berufungsverfahren und Berufungsverhandlungen an den Universitäten nach sich ziehen.

dementsprechend ausgestaltet wurde. Wie sehen also die von den Hochschulen entwickelten Kataloge mit Leistungsmerkmalen aus?

Die meisten der zwischenzeitlich verabschiedeten Zwischenevaluationsordnungen führen gleichsam einen Basiskatalog mit einzelnen Leistungsbestandteilen auf, die den drei Tätigkeitsfeldern für Hochschullehrer/innen – Forschung, Lehre und akademische Selbstverwaltung – zugeordnet sind.

Evaluation Juniorprofessur – erhobene Leistungsbereiche

Forschungsleistung
- Publikationen
- Wiss. Vorträge
- Forschungsprojekte
- Eingeworbene Drittmittel
- Wiss. Fachgesellschaften
- Gutachtertätigkeit
- Betreute Promotionen
- Transferaktivitäten

Lehrleistung
- Lehrveranstaltungen
- Anzahl der Prüfungen
- Betreute Abschlussarbeiten
- Studierendenurteil
- Beratung und Betreuung von Studierenden
- LV-Beobachtungen
- Unterrichtsmaterialien und Skripte

Akademische Selbstverwaltung
- Mitarbeit in SV-Gremien
- Mitarbeit in anderen universitären Projekten
- Übernahme von Aufgaben am Institut

Noch einmal erweitert wird dieses Spektrum in den Evaluationsordnungen von Universitäten, die mit der Einführung von Juniorprofessuren ein eigenes Programm verbinden, z.B. die Humboldt-Universität Berlin.[24]

Was diese Leistungskataloge abbilden, ist das Rollenbild von Allroundwissenschaftler/inne/n, die in allen Bereichen nahezu gleichermaßen engagiert, kompetent und erfolgreich sein sollen. Aus Coachingprozessen und Einzelberatungen mit vor der Evaluation stehenden Juniorprofessor/inn/en weiß ich, dass diese additiven Anforderungen gerade an Universitäten, an denen die Evaluation nicht nur eine reine Formsache darstellt, die betroffenen Wissenschaftler/innen häufig unter erheblichen Druck setzen.

---

[24] http://forschung.hu-berlin.de/wiss_nachw/juniorprofessuren/.

Erfreulicherweise hat sich an vielen Hochschulen jedoch ebenfalls die Erkenntnis durchgesetzt, dass man all diese Leistungsmerkmale ohne eine gewisse Unterstützung seitens der Universität schlechterdings nicht erwarten kann. Eine ganze Reihe von Universitäten und Forschungseinrichtungen bietet deshalb ihren Nachwuchskräften differenzierte Weiterbildungsangebote, die ein breites Spektrum höchst unterschiedlicher Einzelveranstaltungen umfassen können, je nachdem, was aktuell nachgefragt oder von den Verantwortlichen als relevant angesehen wird.

Aufgabenorientierung vs. Kompetenzorientierung

Sowohl den Leistungskatalogen in den Evaluationsordnungen als auch den Weiterbildungsangeboten ist gemeinsam, dass sie wesentlich an einzelnen Aufgaben orientiert sind. Die Tätigkeit von Professor/inn/en lässt sich demnach als Bewältigung einer im Grunde kontinuierlich erweiterbaren und damit theoretisch unabschließbaren Reihe von einzelnen Anforderungen und Aufgaben in den Bereichen Forschung, Lehre und akademischer Selbstverwaltung erschließen. Solch eine Orientierung an Einzelaktivitäten kann im akademischen Alltag jedoch geradezu systematisch das Gefühl verhindern, mit der Arbeit auch einmal fertig zu sein, da man eigentlich immer noch mehr tun könnte und müsste. Dies korrespondiert übrigens erstaunlich gut mit der (nicht nur) in der deutschen Wissenschaftskultur gerne gepflegten Überzeugung, dass wahre Berufung eine Trennung von (wissenschaftlicher) Arbeit und (Privat-)Leben eigentlich ausschließt.

Ich möchte hier einen anderen Modus der Beschreibung vorschlagen und zur Diskussion stellen, der versucht, die unzweifelhaft ja vorhandenen vielfältigen Aufgaben in der Wissenschaft systematisch und kompetenzorientiert in größere Felder zu integrieren. Die zugrundeliegende Frage lautet, welche wesentlichen Kompetenzen sind für die Bewältigung unterschiedlicher Aspekte – Forschung, Lehre und Verwaltung – der Berufsrolle Wissenschaftler/in erforderlich?

Es lassen sich insgesamt fünf Kompetenzfelder definieren. Für die Entwicklung einer wissenschaftlichen Karriere ist der Grad an **Vernetzung** von zentraler Bedeutung. Nach einer Studie der Universität Halle bestimmen neben Leistung und Produktivität vor allem Kooperations- und Netzwerkbeziehungen den Verlauf von Hochschulkarrieren.[25] Gute Netzwerke sowohl innerhalb des eigenen Fach- und Spezialgebietes als auch über die Grenzen der Heimatdisziplin hinaus erhöhen signifikant den eigenen Bekanntheitsgrad innerhalb der *scientific community* und sind überaus hilfreich, wenn es darum geht, rasch und ggf. informell an wichtige

---

[25] Frieder R. Lang, Franz J. Neyer: Kooperationsnetzwerke und Karrieren an deutschen Hochschulen – Der Weg zur Professur am Beispiel des Faches Psychologie. In: Kölner Zeitschrift für Soziologie und Sozialpsychologie 56/2004, S. 520-538. Ab einem gewissen Zeitpunkt, etwa fünf Jahre nach der Promotion, ist demnach die produktive Leistung in Form von Publikationen nicht mehr allein entscheidend dafür, ob jemand eine Professur bekommt. Wer gut vernetzt in Kooperationsbeziehungen forscht und arbeitet, kann damit bei konstanter produktiver Leistung die Wahrscheinlichkeit, auf eine Professur berufen zu werden, um den Faktor 3 erhöhen.

Informationen zu kommen oder kompetente Kooperationspartner für ein Projekt zu finden. Als Einzelkämpfer/in am Schreibtisch oder im Labor lässt sich bei aller wissenschaftlichen Brillanz keine akademische Karriere machen.

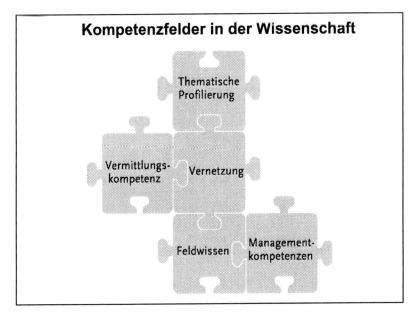

Thematische Profilierung ist das sine qua non jeder wissenschaftlichen Laufbahn und steht deshalb an der Spitze. Das Kompetenzfeld bezieht sich gleichermaßen auf Tiefe und Breite des jeweiligen Fachwissens: In welchen Bereichen ist jemand spezialisiert, d.h. bei welchem Thema, welcher Fragestellung gehört der jeweilige Name zu den wenigen, deren Arbeiten man unbedingt kennen muss; und in welcher Breite kann das Fach andererseits in Forschung und Lehre vertreten werden? Gerade an kleineren Universitäten gibt es kaum Möglichkeiten zu wissenschaftlichem Nischendasein.

Vermittlungskompetenz meint die Fähigkeit, durch Forschung gewonnene Erkenntnisse auf verschiedenen Wegen und mit unterschiedlichen Zielgruppen zu kommunizieren. Das Spektrum reicht dabei vom Verfassen gut lesbarer wissenschaftlicher Artikel für ein Fachpublikum bis zur Formulierung von Pressemitteilungen für die Medien. Hinzu kommen die Fähigkeiten, Forschungsergebnisse auch mündlich anschaulich zu präsentieren und anschließend kompetent und engagiert in der Diskussion zu vertreten. Schließlich zählt auch der gesamte Bereich der Hochschuldidaktik zur Vermittlungskompetenz.

Feldwissen liefert die Basis des Kompetenzmodells und bezeichnet das Spektrum an Erfahrungen und Wissenselementen, das die Erschließung und Gestaltung von Handlungsspielräumen in der Wissenschaft erst ermöglicht. Es reicht von Kenntnissen zur Fördermitteleinwerbung oder zu den Publikationsvoraussetzungen bei bestimmten *Journals* über Erfahrungen bei der Entwicklung neuer Studienangebote bis zum Wissen darüber, wie an der eigenen Hochschule z.b. Mittelverteilungs- und Beschaffungsprozesse funktionieren. Dieser Teil des akademischen Feldwissens muss für jede Hochschule übrigens neu erworben werden. Für ihn gilt, was Cornelia Edding über das „Dienstwissen" in Organisationen schreibt: „Es entsteht durch intime Kenntnis sowohl der Verfahren als auch der informellen Seiten einer Organisation. Dienstwissen – genau wie Fachwissen – ist komplex und umfassend. Die Kenntnis der Vorschriften gehört dazu und das Wissen darüber, wie diese Vorschriften in der Praxis zu handhaben sind. Welches sind die wichtigsten inoffiziellen Informationskanäle? An wen wendet man sich am besten, um Neuigkeiten aus einem bestimmten Bereich zu erfahren? Was wird einem hoch angerechnet und was darf man sich auf keinen Fall erlauben (…)?"[26]

Managementkompetenzen schließlich erscheinen in diesem Modell als – gleichwohl notwendiger – Appendix. In ihrer Bedeutung für den Erfolg wissenschaftlicher Arbeit werden sie innerhalb von Universitäten erst seit relativ kurzer Zeit breiter wahrgenommen und diskutiert. Mittlerweile besteht allerdings weitgehend Einigkeit darüber, dass sich neben Fähigkeiten im Selbst- und Zeitmanagement auch Kenntnisse im Projektmanagement bei der Durchführung komplexer Forschungsvorhaben oder eine aktiv gestaltete Führungsrolle bei der Leitung von Arbeitsgruppen förderlich auf den wissenschaftlichen Ertrag auswirken.[27]

Entwicklung durch Weiterbildungsmaßnahmen

Die beiden ersten Kompetenzfelder „Thematische Profilierung" und „Vernetzung" lassen sich nur schwerlich mit Hilfe von Weiterbildungsangeboten entwickeln. Hier ist vielmehr eine frühzeitig einsetzende und gelegentlich wieder aufzunehmende Reflektion vonnöten, um das eigene wissenschaftliche Tun in eine mittel- und längerfristige Perspektive einzubinden, bei der auch karrierestrategische Erwägungen Raum haben sollten. Damit ist nicht gemeint, Beziehungen zu Kolleginnen und Kollegen ausschließlich unter taktischen Gesichtspunkten zu pflegen oder die Zuwendung zu wissenschaftlichen Fragestellungen künftig nicht mehr vom eigenen Interesse, sondern von aktuellen wissenschaftlichen Moden abhängig zu machen. Forschung erfordert ein hohes Maß an persönlichem Engagement und Leidenschaft, zugleich sollte man sich nach meiner Überzeugung aber nicht erst nach dem Abschluss der Habilitation fragen, ob die ausschließliche Konzentration

---

[26] Cornelia Edding: Einflußreicher werden. Vorschläge für Frauen. München 2002, S. 50.
[27] Vgl. z.B. die Ergebnisse der DACH-Erhebung, einer empirischen Untersuchung von vier Forschungsprogrammen aus Deutschland, Österreich und der Schweiz: Rico Defila, Antonietta Di Giulio, Michael Scheuermann: Forschungsverbundmanagement. Handbuch für die Gestaltung inter- und transdisziplinärer Projekte. Zürich 2006; sowie Christine von Blanckenburg, Birgit Böhm, Hans-Liudger Dienel und Heiner Legewie: Leitfaden für interdisziplinäre Forschergruppen: Projekte initiieren – Zusammenarbeit gestalten. Berlin 2005.

auf z.B. Genitivkonstruktionen des Althochdeutschen wirklich eine solide Basis für eine Berufung darstellt.

Die Kompetenzfelder Vermittlungskompetenz, Feldwissen und Managementkompetenzen lassen sich dagegen je nach Bedarf durch gezielte Weiterbildungsangebote unterstützen:

Mögliche Elemente der Kompetenzfelder

Vermittlungs-kompetenz	Feldwissen	Management-kompetenzen
• Wissenschaftliches Schreiben • Publikationen • Kommunikative Fähigkeiten • Rhetorik/ Präsentation • Didaktik • Wissenschaftsenglisch • Umgang mit Presse und Medien	• Kenntnis der deutschen / intern. Wissenschaftskultur • Einwerbung von Fördermitteln • Tagungs-/ Veranstaltungsorganisation • Entwicklung von Studiengängen • Vorbereitung auf Berufungsverfahren	• Zeit- und Selbstmanagement • Projektmanagement • Moderation • Führungskompetenz • Teamentwicklung • Konfliktmanagement • Interkulturelle Kompetenzen • Diversity Management

Es würde jedoch deutlich zu kurz greifen, den vorhandenen Weiterbildungskatalogen lediglich einen weiteren – diesmal nach Kompetenzfeldern sortierten – Katalog hinzuzufügen, ohne flankierende Maßnahmen zur individuellen Karriereplanung anzubieten. Genau hierin besteht nämlich der Unterschied zwischen Personalentwicklung und konventioneller Weiterbildung. Letztere funktioniert an Hochschulen allzu oft nach dem Prinzip eines *survival kit*, das erst dann wahrgenommen wird, wenn der individuelle Druck überhand nimmt. Das kann im Einzelfall sehr spät sein, z.B. wenn ich mir erst als weit fortgeschrittener Post-Doc eingestehe, dass wissenschaftliche Schreibprozesse jedes Mal eine fürchterliche Qual bedeuten, sehr lange brauchen und deshalb mitunter vielleicht auch aufgeschoben werden, so dass die Publikationsliste trotz guter Datenlage um einiges kürzer ist als sie sein könnte.

Personalentwicklung setzt dagegen frühzeitiger ein und zielt auf individuell ausgerichtete, systematisch organisierte und kontinuierliche Prozesse der Kompetenzentwicklung. Die Voraussetzung dafür liegt in einer regelmäßigen und umfassenden Standortbestimmung mit anschließender Zielentwicklung, die z.B. im Rahmen von individuellen Beratungsangeboten, Coachings oder Mentoringprogrammen geleistet werden kann.

Eine gezielte Entwicklung der einzelnen Kompetenzfelder kann eine Karriere in der Wissenschaft sowohl mit Blick auf die Repräsentation nach außen – Stichworte Evaluation und Berufbarkeit – als auch auf der individuellen Ebene durch die Professionalisierung einzelner Aufgabenbereiche wesentlich unterstützen. Die konkrete Umsetzung im Einzelfall wird sich je nach den Voraussetzungen und institutionellen Rahmenbedingungen dabei durchaus unterschiedlich gestalten und könnte beispielsweise folgendermaßen aussehen:

Kompetenzentwicklung in verschiedenen Qualifikationsphasen

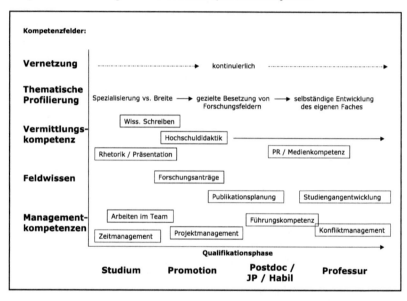

Nur wenn die Ausbildung der einzelnen Kompetenzfelder tatsächlich gezielt und mit klarem Bezug sowohl zur aktuellen Arbeitssituation als auch zur weiteren Berufsperspektive erfolgt, können einzelne Qualifizierungsmaßnahmen zur Professionalisierung wissenschaftlicher Arbeit beitragen, anstatt als zusätzliche Anforderungen auf einer ohnehin zu langen to-do-Liste von der „eigentlichen" wissenschaftlichen Arbeit fernzuhalten.

Diskussionsprotokoll

Mehrtens: Meine Frage richtet sich auf die Zielperspektive Ihres Ansatzes. Könnte man zusammengefasst sagen, dass das von Ihnen vorgestellte Modell auf die für eine professorale Karriere notwendigen Kompetenzfelder zielt und hier einen aktiven Beitrag zur Beschreibung leistet und damit Ansatzpunkte für eine aktive Förderung bietet – oder werden verschiedene, breit angelegte Kompetenzbereiche angesprochen, die auch für eine Karriere außerhalb der Wissenschaft relevant sind?

Hubrath: Ja, ich versuche mit dem Modell, die verschiedenen, für eine wissenschaftliche Laufbahn erforderlichen Kompetenzbereiche systematisch zu beschreiben. Ich würde jedoch davon ausgehen, dass es dabei auch eine Reihe von Schnittmengen zu Kompetenzprofilen außeruniversitärer Berufsbilder gibt – die dann jeweils aus der anderen Perspektive heraus beschrieben und definiert werden müssten. Ich meine, dass es notwendig ist, schon frühzeitig und kontinuierlich die eigene Kompetenzentwicklung in der Wissenschaft zu reflektieren, dabei aber auch andere Möglichkeiten der beruflichen Entwicklung zu prüfen. Wenig sinnvoll erscheint mir, wie das leider häufig der Fall ist, mit solchen Überlegungen erst ein halbes Jahr vor Vertragsende zu beginnen.

Webler: Einmal lohnt es sich in der Tat, die Qualifikationsanforderungen für die Juniorprofessorinnen und Juniorprofessoren genauer anzuschauen und danach zu fragen, welches Berufsbild da eigentlich verlangt wird. Dabei zeigt sich, was sich auch sonst zwischen den Hochschulen abspielt, dass es nämlich kein einheitliches Leitbild gibt, was denn in Deutschland eigentlich eine Universität ausmacht. Humboldt wird tausend mal für tot erklärt, und das, was dann als Alternative angeboten wird, hat eigentlich keine Substanz. Also, es sind sicher sehr viele Defizite zu beobachten. Von den Kompetenzfeldern, die Sie genannt haben, möchte ich vor allem auf die Vermittlungskompetenz kommen. Ich würde Ihnen zustimmen hinsichtlich des Ensembles von Kompetenzen, die Sie darunter fassen. Nur der Begriff der Vermittlung, das ist ein Begriff, der signalisiert, ich stehe im Zentrum und vermittle. Hier wäre es gut, wenn wir uns stärker auf die Lernerorientierte Seite beziehen würden. Denn da geht es darum, verantwortliches Lernen zu ermöglichen, anzuleiten und zu kommunizieren. Wenn es um die Vermittlungskompetenz geht, dann ist der Begriff sehr stark kopfbezogen und auf die Lehrperson bezogen.

Hubrath: Ich habe die Vermittlungskompetenz mit Bedacht nicht auf den Bereich der Hochschullehre beschränkt, sondern dieses Kompetenzfeld deutlich weitergefasst, um zu betonen, dass es auch bei der Kommunikation von Forschungsergebnissen auf Tagungen oder in Publikationen um Vermittlungsprozesse innerhalb der *scientific community* geht. Für den Bereich der Hochschuldidaktik als ein Segment innerhalb der Vermittlungskompetenz ist eine Differenzierung von Lehr- und Lernmethoden je nach Thema und Art des Lernsettings natürlich möglich und sinnvoll, da stimme ich Ihnen zu.

Webler: Sie haben bei Ihren Überlegungen den einzelnen Nachwuchswissenschaftler, die einzelne Wissenschaftlerin im Blick, völlig zu recht. Ich habe ein Interesse daran, dass die institutionelle Verantwortung wahrgenommen wird. Denn bei aller Freiheit, wenn die Professoren sich nicht genügend für den wissenschaftlichen Nachwuchs interessieren, geht das verheerend aus. Das, was Sie da genannt haben, sollte auch in klare Vereinbarungsnormen münden

Hubrath: Ja, das wäre ein wichtiger, aber nicht ganz leicht umzusetzender Schritt. Und ich wäre sehr skeptisch, ob die Einführung z.B. des Mitarbeitergesprächs am Lehrstuhl die geeignete Form dafür bietet. Ich kann mir eher vorstellen, dass solche Fragen der individuellen Karriereentwicklung im Rahmen von Mentoring-Beziehungen reflektiert und diskutiert werden können.

Walter: Im Grunde knüpft das an Ihre Ausführungen an, denn ich frage mich, wo liegt die Verantwortung für die Personalentwicklung? PE ist ja eine Führungsaufgabe, und wo ist dann die jeweilige Führungskraft, bzw. wer sorgt dafür, dass es individuell ausgerichtet ist? An welcher Stelle wird verhandelt, wer bringt was schon mit vom wissenschaftlichen Nachwuchs, was muss der- oder diejenige dann noch bekommen? Also wer sorgt für die Umsetzung? Ist es immer der jeweilige Professor oder gibt es darüber noch eine Instanz? Wenn die Ebene direkt darüber über die notwendigen Kompetenzen für eine solche Personalentwicklung nicht verfügt, dann frage ich mich, wer tut es stattdessen? Gerade im wissenschaftlichen Bereich ist mir noch nicht so klar, wer diese Verantwortung übernehmen soll.

Hubrath: Damit sprechen Sie das Thema Führungskompetenz in der Wissenschaft an, das ja an vielen Hochschulen ebenfalls noch entwickelbar ist. Deshalb war ich eben auch so zögerlich, die Aufgabe des Mitarbeitergesprächs, das ja ein wesentliches Instrument in der Personalentwicklung ist, einfach an die direkten Vorgesetzten zu übertragen. Ich habe an einigen Hochschulen beobachtet, dass die Einführung mit erheblichen Schwierigkeiten verbunden sein kann und die Umsetzung zum Teil schlicht am passiven Widerstand größerer Teile der Professorenschaft scheitert. Wenn wir Personalentwicklung für den wissenschaftlichen Nachwuchs auf breiterer Basis, z.B. auf Fakultäts- oder Fachbereichsebene, einführen wollen, bedeutet das ja auch eine Veränderung der Kultur – von der bisherigen Praxis persönlicher und informeller Förderung am Lehrstuhl, die freilich nicht überall gegeben ist, zu einer zumindest in Teilbereichen expliziten und offiziellen Form der Förderung. So etwas lässt sich nicht einfach von wem auch immer verordnen, sondern setzt einen Verständigungsprozess unter den Beteiligten über Ziele, Maßnahmen und Verantwortlichkeiten der Nachwuchsförderung voraus.

Niehoff: Welche im weitesten Sinne Best-Practise-Beispiele gibt es denn schon, damit solche umfassenderen Programme institutionalisiert werden können? Was ich an der Universitäten im Bereich Mentoring beobachte, so sind das immer kleine, feine Programme die auch von den Zielgruppen her sehr überschaubar sind. Aber so etwas im großen Stil zu machen, wo der Fairness halber der gesamte Nachwuchs etwas davon hätte, ist ja vielleicht deutlich schwieriger?

Hubrath: Das war genau einer der Gründe für die Ausrichtung dieser Tagung, dass wir die Möglichkeit der Übertragbarkeit solcher kleinen Programme auch auf größere Gruppen von Nachwuchswissenschaftler/innen gerne diskutieren wollten. Im Moment kenne ich noch keine Beispiele an deutschen Universitäten, die so etwas tatsächlich in größerem Umfang leisten. Und vielleicht gelingt der Einstieg auch erst mal nur über kleinere Projekte.

Webler: Ich möchte auf die Frage der Kollegin eingehen. Zunächst muss man einmal sehen, dass ein institutionelles Interesse für den Nachwuchs, sofern nicht eine persönliche Beziehung zwischen den Beteiligten vorhanden ist, und es deshalb Interesse und Förderung gibt, allein auf der Ebene der Institute gegeben ist. Ich kenne sehr viele Nachwuchsbeziehungen, die hochproblematisch sind, bis dahin, dass die Leute nicht freigestellt werden für Fortbildungen. An einer Universität hat der Präsident den Dekanen und den Institutsleitern z.B. einen Brief schreiben müssen, dass es sich bei Fortbildungen um dienstliche Veranstaltungen handelt. Und dass die Hochschule schließlich einen gesetzlichen Auftrag hat, ihren Nachwuchs zu fördern und deshalb vom Dienst freizustellen und nicht etwa auf Wochenendkurse zu verweisen hat. Da muss ab und zu mal ein klares Wort gesagt werden. Und auf der anderen Seite darf man auch nicht vergessen, dass auch ein großes Interesse der Betreuerinnen und Betreuer besteht, sich selbst und ihre Ideen zu „vermehren". Das wirkt sich ja z.B. auch auf das Geschehen bei Berufungen aus. Dabei müssen wir bedenken, dass die Gesamtsituation rein rechnerisch so aussieht, dass vier Generationen heranwachsen müssen, bis eine Nachfolge zu besetzen ist. Wenn Sie rechnen, Berufungsalter 40 Jahre, Pensionierungsalter 65 Jahre, dann haben Sie 25 Dienstjahre geteilt durch die durchschnittliche Dauer der Assistentenzeit, also sechs Jahre, das bedeutet, vier Generationen müssen gehen, bevor jemand Nachfolger werden kann. Da steckt ja auch eine Vorstellung von Genialität dahinter, die sich zu Überdenken lohnt. In den letzten Jahren ist die Hochschulpolitik ja davon ausgegangen, dass alle Wissenschaftlerinnen und Wissenschaftler Nachwuchs sind. Und wer es eben nicht bis zur Professur schafft, der gehört dann eben nicht zu den Wissenschaftlern.
Fiedler: Es spricht ja überhaupt nichts dagegen, dass nicht alle Angehörigen des wissenschaftlichen Nachwuchs irgendwann auf Professuren landen. Dazwischen liegt eine große Bandbreite an Beschäftigungsmöglichkeiten: in der Wissenschaft als Forscher, im forschungs- und wissenschaftsnahen Bereich, das ist ja ein riesengroßes Feld, in dem viele nach der Promotion ihre berufliche Tätigkeit finden. In dem Zusammenhang ist die 12-Jahres-Befristung nicht besonders glücklich. Die Nachwuchsphase muss schon so organisiert sein, dass man nach der Promotion unterschiedliche Berufspositionen in diesem großen wissenschaftlichen und wissenschaftsnahen Feld einnehmen kann. Man kann nicht sagen, jeder, der zur Promotion antritt, muss dann in der bereitgestellten Struktur die Möglichkeit zur Professur vorfinden. Das funktioniert so nicht.
Mehrtens: Ich denke wir müssen diesbezüglich Sichten ändern, die häufig alternative Karrierewege diskreditieren. Die Förderung des wissenschaftlichen Nachwuchses muss nicht ausschließlich auf eine Wissenschaftskarriere und das Berufziel Professur gerichtet sein. Ein Abweichen von dieser primären Zielperspektive wird nicht selten mit dem Etikett des Scheiterns belegt oder bestenfalls als 2. Wahl charakterisiert. Diese Sicht ist prekär und steht kaum im Einklang mit der Empirie. Der größerer Teil der Nachwuchswissenschaftler/innen in den Hochschulen – bis zu 90% – muss letztlich eine berufliche Karriere außerhalb der Wissenschaft verfolgen. Die Quote und auch die Kultur der notwendigen Karrie-

ren ist jedoch ausgesprochen unterschiedlich in den Fächern. Insgesamt trägt die Hochschule jedoch auch Verantwortung für diese Wege und die damit notwendige Förderung und Entwicklung von Kompetenzen und Einstellungen. Die Nachwuchsförderung muss von daher in den Hochschulen mit einer breiteren – vielleicht auch parallel verlaufenden Zielperspektive initiiert und umgesetzt werden. Wir wollen in Bremen in der Nachwuchsförderung unterschiedliche Kompetenzprofile fördern und neben der klassischen Entwicklung für eine wissenschaftliche Laufbahn insbesondere auch Wege in eine berufliche Karriere erleichtern. Erste Erfahrungen einer aktiven und offensiven Förderung alternativer Karrierewege machen wir zur Zeit mit einem Programm für Doktoranden mit dem Titel „Promotion und dann ...?". Hiermit sollen Perspektiven und Zielorientierungen für eine berufliche Karriere außerhalb der Wissenschaft entwickelt und notwendige Kompetenzen gefördert werden. Ich glaube, dass die Entwicklung, Initiierung und Umsetzung alternativer Förderlinien für den wissenschaftlichen Nachwuchs und deren Etablierung in den nächsten Jahren eine große Herausforderung für alle Universitäten und Wissenschaftseinrichtungen darstellt.

Schmitt: Ich habe Schwierigkeiten mit Ihrem vielfältigen Anforderungsprofil an Wissenschaftlerinnen und Wissenschaftler. Wenn ich mir vor Augen stelle, was diejenigen, die in der Wissenschaft sehr angesehen sind, sei es jetzt oder etwa auch vor 20 Jahren, von all dem erfüllt haben, dann sehe ich immer nur sektorale Bereiche. Ich glaube, wir sollten uns bei Diskussionen um Personalentwicklung nicht in eine Zuchtanstalt für die berühmte eierlegende Wollmilchsau verwandeln wollen, sondern Personalentwicklung muss heißen, dass man auch ganz gezielt erkennt, was man nicht kann und deshalb auch nicht ausbaut, und nicht so tut, als würde man das doch können.

Hubrath: Ich freue mich dass Sie das sagen. Denn Personalentwicklung soll genau nicht mit dem Ziel erfolgen, alle Einzelelemente der Kompetenzfelder gleichermaßen abdecken zu wollen. Das würde bestenfalls zu einem Mittelmaß führen. Vielmehr ist es wesentlich, je nach den individuellen Voraussetzungen und den Erfordernissen der jeweiligen Stelle ganz gezielt Schwerpunkte zu setzen, in denen dann eine Kompetenzentwicklung einsetzen kann. Nur so kann es gelingen, ein konturiertes Profil zu entwickeln – wenn alles gleichmäßig auf durchschnittlichem Niveau vorhanden ist, kann man ja nun nicht von einem Profil sprechen.

Zechlin: Eine Bemerkung noch, eine Bemerkung also zu dem Befund, dass nur 5 bis 10% an der Hochschule bleiben können. Das ist ja je in den Fächern ganz verschieden verteilt, ob das wirklich als Scheitern betrachtet wird, wenn man nicht an der Hochschule bleibt. Ich denke, dass es ganze Bereiche gibt, etwa die Juristen oder BWL, wo die akademische Qualifizierung überwiegend für außeruniversitäre Berufstätigkeiten genutzt wird. Oder wo es berufsqualifizierend ist, eine Promotion zu haben. In der Chemie z.B. wird niemand eingestellt, so wurde mir jedenfalls gesagt, der nicht promoviert ist. Ich glaube, die geisteswissenschaftliche vielleicht auch sozialwissenschaftliche Perspektive, die ist nicht typisch. Jedenfalls nicht typisch für die gesamte Universität.

Das Job-Family-Konzept bei der Volkswagen AG

Niels Bosse

1. Einleitung[28]

Im Folgenden wird ein neuer, prozess- und kompetenzorientierter Ansatz für Personalentwicklung bei der Volkswagen AG (im Folgenden VW AG) dargestellt. Den Rahmen für diesen Ansatz und damit für den gezielten Aufbau von Netzwerk- und Prozesskompetenzen bilden dabei die sogenannten Job Family Cluster. Die Job Family Cluster werden als Grundlage für Kompetenzmanagement und Karriereplanung eingesetzt.

Der Job-Family-Ansatz in der dargestellten Form geht auf die Idee und Initiative von Dr. Peter Hartz zurück (Hartz, 2001, S. 68 ff.).

2. Job Families und Job Family Cluster

2.1 Job Families bei der Volkswagen AG

Eine Job Family fasst diejenigen Mitarbeiter aus verschiedenen Regionen und Bereichen zusammen, die als fachliche und überfachliche Kompetenzgemeinschaft an ähnlichen, gemeinsamen Aufgaben arbeiten.

Bei der Konfiguration von Job Families werden zwei Formen von Nähebeziehungen berücksichtigt. Dies sind zum einen inhaltliche Nähebeziehungen, zum anderen solche, die sich an den Kompetenzen orientieren, die zur Aufgabenerfüllung in verschiedenen Organisationseinheiten erforderlich sind. Inhaltliche Nähe bedeutet, dass die Aufgaben innerhalb einer Job Family identisch oder verwandt sind. Alle Mitarbeiter beispielsweise, die damit beschäftigt sind, Aggregate zu entwickeln, gehen inhaltlich zumindest ähnlichen Aufgaben nach und bilden daher eine Job Family.

Die VW AG hat hier die rein strukturorganisatorische Betrachtungsweise ergänzt um den Schwerpunkt der Arbeitsinhalte. Dies geschieht aus der Erkenntnis heraus, dass in verschiedenen Produktionsstätten, Ländern oder Marken unterschiedliche Bezeichnungen für Abteilungen oder Bereiche existieren, obwohl diese inhaltlich Identisches oder Ähnliches tun.

Die Vorteile dieser Art der Bündelung von Aufgaben bestehen vor allem darin, dass die Rückschlüsse auf die Aufgabenschwerpunkte eines Mitarbeiters nicht mehr nur aus der Zuordnung in der Struktur folgen, sondern der Arbeitsinhalt in

---

[28] Der Beitrag wurde mit Unterstützung von Dipl.-Kffr. Techn. Jutta von der Ruhr verfasst.

den Fokus der Betrachtung rückt. Aus der inhaltlichen Nähe der Mitglieder einer Job Family lässt sich folgern, dass deren Mitglieder für die Aufgabenerfüllung ähnliche Kompetenzen benötigen. Durch die Bündelung dieser Mitarbeitergruppen mit ähnlichen Kompetenzen entstehen Kompetenzgemeinschaften, die sich als neue Form des Managements von Kompetenzen heraus kristallisieren können.

Dadurch, dass die Mitglieder in einer Job Family an inhaltlich ähnlich gelagerten Aufgaben arbeiten, verfügt die einzelne Job Family über ein gemeinsames Handlungsvermögen zur Bewältigung und Gestaltung der aktuellen und zukünftigen beruflichen Herausforderungen als Voraussetzung für nachhaltigen Erfolg.

Für die VW AG und im Rahmen des vorliegenden Beitrags wird die folgende Definition des Begriffs der Job Families verwendet. Job Families sind Kompetenzgemeinschaften, die konzernweit und hierarchieübergreifend an ähnlichen Aufgaben arbeiten und deren Mitarbeiter ähnliche Kompetenzen aufweisen. (Bosse, 2006, S. 20)

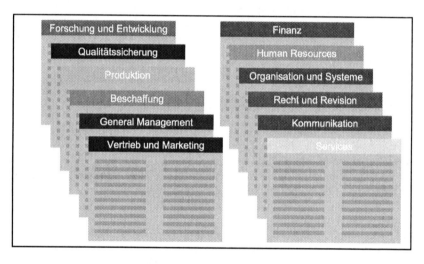

Abbildung 1: Job Families der Marke Volkswagen (Auszug – schematische Darstellung)
Quelle: VW AG, Personalwesen Management

2.2 Job Family Cluster bei der Volkswagen AG

Job Family Cluster bilden die Nähebeziehungen der Job Families ab und sind bereichsübergreifende Kompetenzgemeinschaften, die in den Kerngeschäftsprozessen zusammenarbeiten.

Die Job Family Cluster sind aus der Erkenntnis heraus entstanden, dass zusätzlich zu den Nähebeziehungen zwischen Organisationseinheiten, die auf inhaltlichen Verwandtschaften und Ähnlichkeiten in Bezug auf Kompetenzen beruhen, auch Nähebeziehungen bzw. Verwandtschaften zwischen einzelnen Job Families existieren. Bei dieser Art der Verwandtschaft kommt zu den inhaltlichen und den daraus folgenden kompetenzorientierten Nähebeziehungen die Nähebeziehung der Job Families im Prozess hinzu. Diese Verwandtschaft bezieht sich auf die Nachbarn der Job Families im Hinblick auf einen spezifischen Teil der Kerngeschäftsprozesse. Auf diese Weise entstehen Ketten oder Verbindungen zwischen Job Families, bestehend aus den im jeweiligen Prozess vor- und nachgelagerten Job Families. Alle Job Families, die beispielsweise „Aggregatekompetenz" aufweisen, können zu dem Job Family Cluster Powertrain (Aggregate) zusammengefasst werden. Dieses Job Family Cluster enthält folglich alle Job Families, die am Prozess der Entwicklung, Herstellung und Integration von Aggregaten in das Fahrzeug bzw. der Vermarktung von Aggregaten beteiligt sind.

Bei der VW AG wurden zwölf Job Family Cluster identifiziert. Diese lassen sich in acht mit technischem und vier mit kaufmännischem Schwerpunkt unterteilen:
Job Family Cluster mit technischem Schwerpunkt sind:
- *Beschaffung und Logistik, Body, Dienstleistungs- und Steuerungsprozesse (technisch), Elektronik, Elektrik, Fahrwerk, Gesamtfahrzeug, Interieur, Powertrain (Aggregate).*

Job Family Cluster mit kaufmännischem Schwerpunkt sind:
- *Dienstleistungs- und Steuerungsprozesse (kaufmännisch), Finanzen, Integrationsmanagement, Marketing und Vertrieb.*

Zur Verdeutlichung der Systematik der Zusammensetzung der Job Family Cluster aus den Job Families dient Abbildung 2.

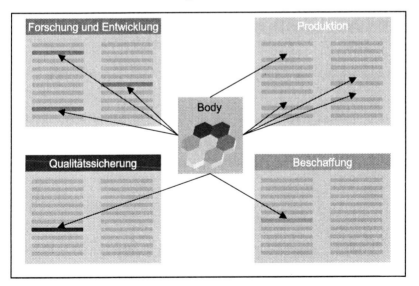

Abbildung 2: Systematik der Zusammensetzung der Job Family Cluster
Quelle: VW AG, Personalwesen Management

Aus der Abbildung 2 wird am Beispiel des Job Family Clusters *Body* deutlich, dass dieses sich aus Job Families verschiedener Prozessabschnitte und Unternehmensbereiche zusammensetzt. Dadurch wird die Prozessorientierung des Job-Family-Konzepts ersichtlich: Die für die Außenhaut des Fahrzeugs spezifischen Prozesse der Produktentstehung und -herstellung sind zum Beispiel im Job Family Cluster Body abgebildet (siehe Abbildung 3).

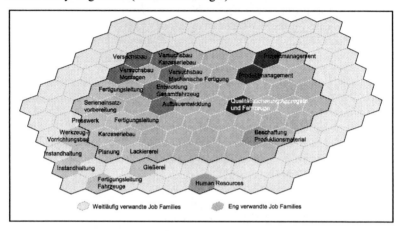

Abbildung 3: Job Family Cluster Body
Quelle: VW AG, Personalwesen Management

2.3 Mitwirkung von Vertretern der Job Family Cluster an der Konzeptentwicklung

Grundsätzlich kann ein positiver Zusammenhang zwischen der Mitwirkung an der Gestaltung eines Konzepts durch die Beteiligten und deren Identifikation mit diesem angenommen werden.

Eine gegenseitige Abstimmung der Job Families in einem Job Family Cluster über die Kooperation in Fragen der Job Rotation ist wichtig, um einen Zusammenhalt als Job Family Cluster zu schaffen und die Zusammenarbeit in Richtung der gemeinsamen Ziele, die mit dem Austausch der Mitarbeiter verfolgt werden, zu stärken.

Dabei ist eine Einbeziehung sowohl der Verantwortlichen, die die Mitarbeiter entsenden und aufnehmen, als auch der betroffenen Mitarbeiter selbst, die mittels Job Rotationen ihre persönliche Entwicklung gestalten, notwendig (Payer, 2002).

Nur diese Integration der Betroffenen in die Konzepterstellung garantiert, dass alle Bedürfnisse und Probleme berücksichtigt werden und das Konzept in der Realität funktionieren kann. Dies ist die Voraussetzung dafür, dass sowohl Vorgesetzte als auch Mitarbeiter die Job Rotation, den Job Family-Ansatz leben.

Es ist wichtig, Partner zu finden, die als Multiplikatoren das Job-Family-Konzept sowie die Werte der Job Family Cluster in die einzelnen Job Families hineintragen. Sie können außerdem für Informationen über die jeweils anderen Job Families sorgen und dadurch Kooperationsbarrieren zwischen diesen verringern (Jansen, 2000).

So wurden in Workshops mit Vertretern der Job Family Cluster die fachlichen und überfachlichen Kompetenzen ihres Job Family Clusters definiert und Karrierepfade entwickelt.

3. Einsatzfelder der Job Family Cluster – Karriereplanung und Kompetenzmanagement

3.1 Karriereplanung

Die in den o.g. Workshops entwickelten Karrierepfade innerhalb von Job Family Clustern geben Hinweise auf Schlüsselpositionen, die auf dem Weg zu einer bestimmten Position unbedingt durchlaufen werden sollten, weil sie für die Aufgabenerfüllung der Zielfunktion unverzichtbare Kompetenzen vermitteln (Berthel/ Koch, 1985, S. 142).

Des Weiteren liefern Karrierepfade Anhaltspunkte auf Ausweich- oder Alternativpositionen, die ähnliche Zwecke für bestimmte Endpositionen erfüllen (Berthel/Koch, 1985, S. 142).

Karrierepfade geben darüber hinaus Informationen über die Machtstrukturen sowie horizontale und vertikale Durchlässigkeiten des Karrieresystems. Insbesondere werden Beziehungen zwischen Karrierepfaden im Sinne von Pfad-Netzwerken deutlich. Dies tritt bei den Karrierepfaden des Job-Family-Konzepts vor allem dann in Erscheinung, wenn eine Job Family, die zu unterschiedlichen Job Family Clustern gehört, auch als Station für unterschiedliche Zielfunktionen verschiedener Job Family Cluster ausgewählt wurde.

In der Karriereplanung des Job-Family-Konzepts wurden anstelle einzelner Schlüsselpositionen aufgrund einer höheren Flexibilität und besserer Planungsmöglichkeit bestimmte Job Families festgelegt, die zur Erreichung der Zielfunktion durchlaufen werden sollten.

Somit bildet nicht mehr das Stellengefüge den Bewegungsraum von Karrieren, sondern die Job Families eines Job Family Clusters. So wurden in jedem Job Family Cluster im ersten Schritt Zielfunktionen bestimmt, für die in weiteren Schritten Ideal-Karrierepfade ermittelt wurden. Verschiedene Job Families eines Clusters bilden dabei die Stationen, in denen ein Mitarbeiter auf dem Weg zur Erreichung einer Zielfunktion tätig gewesen sein sollte.

In Abbildung 4 ist exemplarisch der Karrierepfad für die Zielfunktion „Leiter Entwicklung Getriebe" dargestellt. Dabei handelt es sich um eine Zielfunktion in dem Job Family Cluster *Powertrain (Aggregate)*.

Im vorliegenden Beispiel stuften die Experten und Manager die Job Families *Produktmanagement F&E*, *Entwicklung Aggregate* und *Planung Aggregate* als dringende Empfehlung für die Erreichung der im Zentrum der Ellipse stehenden Zielfunktion ein. Die als dringend empfohlenen Job Families sind durch einen roten Punkt gekennzeichnet.

Darüber hinaus wurden Job Families bestimmt, die der Erfüllung der späteren Funktion zwar zuträglich, aber nicht als zwingend erforderlich erachtet wurden („Kann-Empfehlung"). Diese Stationen ergänzen den Weg zu einer Zielfunktion und sind durch einen grünen Punkt gekennzeichnet. Schließlich wurden für jede Zielfunktion diejenigen Stationen definiert, aus denen zwar Wissen vorhanden sein muss, sich der Mitarbeiter dieses aber nicht im Rahmen einer Tätigkeit in dieser Job Family aneignen muss. In den durch einen gelben Punkt gekennzeichneten Job Families *Beschaffung Metall* und *Montage Motoren* kann das erforderliche Wissen zur Ausübung der Zielfunktion über einen kurzen Informationsdurchlauf oder über Instrumente des Wissensmanagements (z.B. Wissensdatenbanken) erworben werden. Im Vordergrund steht bei diesen Stationen das Wissen um die Tätigkeitsfelder und die Einordnung in den Gesamtprozess im Kontext der angestrebten Zielfunktion.

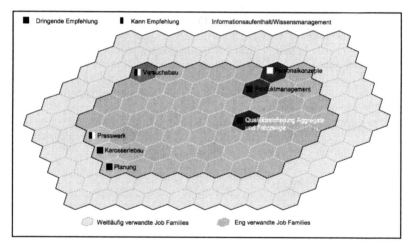

Abbildung 4: Karrierepfad zur Zielfunktion „Leiter Entwicklung Getriebe" im Job Family Cluster *Powertrain (Aggregate)*
Quelle: Eigene Darstellung für VW AG, Personalwesen Management

Ein zentraler Grundsatz der Karriereplanung mit Hilfe des Job-Family-Konzepts ist, dass das Durchlaufen der vorgeschlagenen Job Families zwar die Wahrscheinlichkeit für den Mitarbeiter erhöht, die gewollte Funktion auch tatsächlich auszufüllen, das Unternehmen sich aber nicht in die Verpflichtung begibt, den Mitarbeiter auch tatsächlich auf diese Funktion zu versetzen. Die Entscheidung, wer eine bestimmte Zielfunktion tatsächlich bekleidet, hängt von weit mehr Faktoren ab als von den durchlaufenen Job Families und den dort wahrgenommen

Tätigkeiten. Eine wichtige Rolle spielt beispielsweise zudem, wie der Mitarbeiter den jeweiligen Job ausgeführt hat, d.h. wie seine Leistung von ihm, von seinen Vorgesetzten, Mitarbeitern, Kunden und Kollegen beurteilt worden ist.

Die Abfolge der Rotation ist bei den Karrierepfaden im Rahmen des Job-Family-Konzepts nicht vorgegeben. Im Vordergrund steht nicht, in welcher Reihenfolge die einzelnen Stationen durchlaufen werden und auch nicht, dass alle Stationen kumulativ „abgearbeitet" werden. Charakteristisch für das Konzept ist der Menü- und Vorschlagscharakter. Dies bedeutet, dass die jeweils nächste Karrierestation aus mehreren Alternativen jeweils in Abhängigkeit von der eigenen Situation ausgewählt werden kann. Eine realistische Umsetzung der Karrierepfade von ca. 3.500 Managementnachwuchskräften und Managern bei der VW AG kann von Seiten des Personalwesen Management nur unter der Voraussetzung der Angabe von Prioritäten und Alternativen für den nächsten Rotationsschritt seitens der Mitarbeiter und unter Mitwirkung des Vorgesetzten sichergestellt werden. Das Konzept geht von dem Gedanken aus, dass die Verantwortung für die Rotation bzw. für die Planung der Karriere beim Mitarbeiter selbst liegt.

Es gibt Job Families, die Bestandteil mehrerer Job Family Cluster sind. Diese Job Families wiederum kommen wegen ihrer Verteilungshäufigkeit in verschiedenen Job Family Clustern als Karrierestation für mehrere Zielfunktionen in Betracht.

Als Beispiel kann die Job Family *Qualitätssicherung* angeführt werden. Diese wurde u.a. für die Zielfunktionen

- „Leiter Design Interieur" im Job Family Cluster Interieur,
- „Leiter Beschaffung Betriebsmittel" im Job Family Cluster Beschaffung/Logistik und
- „Leiter Montagen" und „Leiter Planung" im Job Family Cluster Gesamtfahrzeug

als dringende Karrierestation empfohlen.

Für den Mitarbeiter, der seine Karriere plant, bedeutet dies, dass er sich durch eine Tätigkeit in einer Job Family, die in mehreren Job Family Clustern als Karrierestation empfohlen wurde, Optionen für ein Bündel von Zielfunktionen offen hält (Bosse, 2006, S. 183ff.). Indem die Planung jährlich den aktuellen Bedürfnissen und Bedarfen angepasst werden kann, bleibt das System flexibel und aktuell.

Der primäre Nutzen des Einsatzes der Job Family Cluster als Karrieremenüs liegt in der systematischen Förderung bereichsübergreifender Karrieren und damit einhergehend dem gezielten Aufbau von Prozesskompetenz. Durch den Einsatz der Karriereplanung entstehen Pools von Mitarbeitern, die als potenzielle Nachfolger für eine bestimmte Zielfunktion in Betracht kommen. Das Unternehmen hat zudem die Möglichkeit, die für eine Zielfunktion empfohlenen Karrierestationen mit den Job Families zu matchen, die bereits von den Mitarbeitern durchlaufen wurden. Auf diese Weise entstehen neue Dimensionen der Personalsuche und des Personaleinsatzes.

Dieses soll anhand eines Beispiels verdeutlicht werden. Bei der Suche nach einem geeigneten Kandidaten für die Funktion „Leiter Serieneinsatzvorbereitung" hat das Personalwesen Management konventionell nach potenziellen Kandidaten in der Organisationseinheit *Serieneinsatzvorbereitung* gesucht. Aufgrund des zahlenmäßig sehr begrenzten Personenkreises war die Auswahl an potenziellen Nachfolgern gering. Eine weitergehende Suche in angrenzenden oder verwandten Job Families hängt bei der konventionellen Personalsuche weitestgehend von der Erfahrung, von der Kreativität und dem Netzwerk des Personalberaters ab.

Betrachtet man jedoch die für eine Zielfunktionen als Karrierestationen empfohlenen Job Families als Suchoptionen, so besteht die Möglichkeit, auch diejenigen Mitarbeiter als potenzielle Nachfolger für den „Leiter Serieneinsatzplanung" in Betracht zu ziehen, die zumindest die als dringend gekennzeichneten Job Families in ihrem Werdegang aufweisen. Im vorliegenden Fall kämen demnach auch diejenigen Mitarbeiter in Frage, die bereits im Karosseriebau, im Versuchsbau, im Werkzeug- und Vorrichtungsbau und, bezieht man die als Kann-Empfehlungen benannten Job Families mit ein, im Presswerk und in der Lackiererei tätig waren. Die jeweils im Werdegang vorhandenen Job Families können dabei kumulativ oder alternativ in Betracht gezogen werden. Auf diese Weise erweitert sich der Kreis der potenziellen Nachfolger für eine bestimmte Zielfunktion um angrenzende, verwandte Job Families, aus denen der als „Idealbesetzung" einzustufende Mitarbeiter Erfahrungen aufweisen soll.

Aus personalplanerischer Sicht können zudem Nachwuchskräfte, die mittel- bis langfristig das Potenzial für die Übernahme einer bestimmten Zielfunktion aufweisen, gezielt eine Tätigkeit in einer Job Family auf dem Karrierepfad, im vorliegenden Fall zum „Leiter Serieneinsatzvorbereitung", übernehmen, so dass sie die Erfahrungen für die Übernahme dieser Zielfunktion gezielt und systematisch aufbauen können.

Darüber hinaus fundieren Karrierepfade flankierende Entwicklungsmaßnahmen; Qualifizierungsmaßnahmen werden durch den gezielten Einsatz von Rotationen ergänzt, und der Mitarbeiter entwickelt sich on-the-job weiter. So erfolgt eine Verknüpfung des Kompetenzerwerbs on- und off-the-job.

3.2 Kompetenzmanagement

Mit der Nutzung der Job Family Cluster als Menü für Job Rotationen einhergeht der gezielte Kompetenzaufbau in den einzelnen Stationen auf dem Weg zu einer Zielfunktion. Hierfür wurden Kompetenzprofile fachlicher und überfachlicher Art für jedes der zwölf Job Family Cluster erarbeitet. Diese Kompetenzprofile beschreiben, welche Erwartungen das Unternehmen an einen (zukünftigen) Manager hat, was der Manager also können, wissen und leisten muss. Diese Kompetenzprofile dienen im Rahmen des jährlich stattfindenden Mitarbeitergesprächs dazu, die Stärken und Entwicklungsbedarfe des Mitarbeiters herauszuarbeiten und auf dieser Grundlage Qualifizierungsmaßnahmen gezielt einzusetzen. Job Rotationen innerhalb der Job Family Cluster sind demnach nicht isoliert zu sehen, sondern sie werden ergänzt durch ein an den Kerngeschäftsprozessen ausgerichtetes Kompetenzmanagement. In den Job-Family-Development-Programmen der AutoUni, der Universität der VW AG, qualifizieren sich zudem Mitarbeiter eines Job Family Clusters in Bezug auf für ihr Cluster relevante Kompetenzen bezüglich Märkten, Techniken und Prozessen. Zur Zeit werden solche Programme bereits für vier Job Family Cluster angeboten. Mittelfristig werden Veranstaltungen für die Mitglieder der übrigen Job Family Cluster folgen. Neben dem Erlernen der zukünftig erfolgskritischen fachlichen Kompetenzen dienen die Job-Family-Development-Programme auch der Netzwerkbildung und flankieren auf diese Weise die Entscheidung für die nächste Job Rotation innerhalb des Clusters.

Der Schlüssel zu jeder Vernetzung zwischen organisationalen Einheiten, wie beispielsweise den Job Families im Job Family Cluster, sind die Mitarbeiter und Führungskräfte, die die Bereitschaft und Kompetenz mitbringen und vermitteln müssen, sich mit Kollegen anderer Bereiche zu vernetzen und zu kooperieren.

Neben den erhobenen Kompetenzprofilen fachlicher und überfachlicher Art bilden die Netzwerkkompetenzen, die durch die Zusammenarbeit in den Job Family Clustern und den Besuch der Job-Family-Development-Programme der AutoUni aufgebaut werden sollen, eine Metakompetenz. Zu dieser Metakompetenz zählen das Verstehen der Bedeutung und des Prinzips der Reziprozität, Kommunikationskompetenz, Kompetenz zum Selbstmanagement und zu eigenständigem Arbeiten sowie die Fähigkeit, sich Informationen zu beschaffen und Kontakte herzustellen (Payer, 2002).

Nur wenn diese Kompetenzen in Qualifizierungsprogramme für Job Family Cluster integriert werden, kann die Vernetzungsfähigkeit der Mitarbeiter geschult und gestärkt werden. Darüber hinaus sollten weitere Kompetenzen identifiziert werden, die für die Umsetzung des Job-Family-Konzepts relevant sind. Diese Kompetenzen sollten bei der Konzeption von Qualifizierungsmaßnahmen ebenfalls berücksichtigt werden. Auf diese Weise erfolgt eine umfassende netzwerkorientierte Sozialisation der Mitarbeiter eines Job Family Clusters.

Literaturverzeichnis

Berthel, J., Koch, H.-E. (1985): Karriereplanung und Mitarbeiterförderung, Stuttgart
Bosse, N. (2006): Die Job-Family-Cluster-Organisation – eine prozess- und kompetenzorientierte Unternehmensstruktur, Berlin 2006
Hartz, P. (2001): Job Revolution, 1. Aufl. Frankfurt am Main
Jansen, D. (2000): Netzwerke und soziales Kapital – Methoden zur Analyse struktureller Einbettung; in: J. Weyer (Hrsg.): Soziale Netzwerke, München 2000
Payer, H. (2002): Wieviel Organisation braucht das Netzwerk? – Entwicklung und Steuerung von Organisationsnetzwerken mit Fallstudien aus der Cluster- und Regionalentwicklung (Dissertation an der Universität Klagenfurt, Fakultät für Kulturwissenschaften, Doktoratsstudium Organisationsentwicklung)

Diskussionsprotokoll

Eisold: Sie haben jetzt verschiedene Kompetenzprofile dargestellt, die für einen beruflichen Aufstieg im VW Konzern notwendig sind. Mich interessiert: Finden denn die Entscheidungen danach statt, ob derjenige bestimmte Sachen dann auch gemacht hat, oder sind die Entscheidungskriterien, die für eine berufliche Weiterentwicklung herangezogen werden, vielleicht nicht doch ganz andere? Und was passiert, wenn der Mitarbeiter sagt, ich hab das aber doch gemacht, ich bin formal qualifiziert, der Vorgesetzte aber sagt, nein, da stimmt die Chemie oder sonst irgendetwas nicht - was passiert dann?

Bosse: Ja, das System ist komplex. Ich habe Ihnen jetzt hier die wissenschaftliche Version gezeigt, das ist für den Mitarbeiter, der das nutzt, stark vereinfacht. Und wir haben eine Road-Show durch das Unternehmen gemacht, um das System den Mitarbeitern haarklein zu vermitteln. Das ganze etwa über einen Zeitraum von 2 Jahren hinweg. Das ist ein größerer Veränderungsprozess, in dem wir stecken, der dann auch die ganze Zeit wieder kompetent begleitet werden muss. Zum zweiten Teil der Frage: Der Mitarbeiter erwirbt keine Garantie. Wenn ein Mitarbeiter bestimmte Kompetenzen aufbaut, dann heißt es nicht, dass er dadurch automatisch für eine Position im mittleren Management in Frage kommt. Er erhöht vielmehr mit diesen Kompetenzen seine Chancen, im System gefunden zu werden. Man muss sich das so vorstellen, dass die Kompetenzprofile dann abgelegt sind in einer Datenbank, und wenn wir dann eine Stelle zu besetzen haben, dann können wir die Datenbank nach verschiedenen Kriterien durchsuchen. Und wenn dann Kompetenzprofil des Mitarbeiters und Anforderungen der Stelle zusammen passen, dann hat der Mitarbeiter eine bessere Chance, diese Funktion auch zu bekommen.

Zechlin: Wenn Sie acht Mitarbeiter haben, die dieses Kompetenzprofil erfüllen, dann kann es nur einer werden. Aber könnte jetzt auch ein Neunter kommen, der ganz was anderes gemacht hat und auch den Job kriegen? Oder ist das so gut wie ausgeschlossen?

Bosse: Das ist nach wie vor möglich, im Personalgeschäft ist das ganz klar bei uns nicht sklavisch an das System gebunden, und wir sagen, wenn jemand aus bestimmten Gründen besser qualifiziert ist, dann muss das begründet sein, aber es ist nicht ausgeschlossen dass derjenige dann auch die Stelle bekommt.

Mehrtens: Ich denke, für den nicht-fachwissenschaftlichen und administrativen Bereich hat das einen gewissen Charme, aber für den wissenschaftlichen Bereich, für die Nachwuchsförderung, glaube ich, kann es nicht greifen. Denn dort gibt es natürlich stark individuell geprägte Wege, und Förderung im Sinne einer zielgerichteten Personalentwicklung muss diese individuellen Perspektiven viel stärker berücksichtigen. Für den erstgenannten Bereich ist das Job-Family-Konzept eine spannende Perspektive der Personalentwicklung. Allerdings immer auch vor dem Hintergrund, dass es kein Selbstgänger für diejenigen ist, die diesen Prozess durchlaufen, sondern eine Chance zur eigenen Karriereentwicklung, die gewählt wird.

Schmitt: Ich darf da zurückfragen: Sie sehen so eine Art Systemverschiedenheit und betonen einen systematisierenden Zugriff. Wir haben bei Frau Hubrath gehört, welche Systematik man perspektivisch auch in die Wissenschaft hineinbringen kann. Was missbehagt Ihnen bei diesem Modell? Warum ist diese Systematik nicht auf die Wissenschaft übertragbar?

Mehrtens: Ich glaube, dieses Konzept ist in der Wissenschaft nur für einen sehr kleinen Teilbereich geeignet. Ein großer Teil der Entwicklungen, die sich in den vergangenen Jahren dort ereignet hat, wurde fachwissenschaftlich stark individuell dominiert. Wir können nur einzelne Bereiche der Förderung systematisieren, zum einen den Bereich der Methodenkompetenzen, zum anderen die Entwicklung von grundlegenden Managementfähigkeiten für Wissenschaftler. Auf den wissenschaftlichen Bereich lassen sich diese Konzepte m.E. deshalb nur bedingt übertragen. Interessant sind die Konzepte jedoch für Förderstrategien in der Universitätsverwaltung.

Fedrowitz: Qualifizieren Sie mit diesem Modell Ihre Mitarbeiter auch für mögliche andere Stellen außerhalb des VW Konzerns? Ich habe mich gefragt, was passieren würde, wenn man versuchen würde, das auf Hochschulen zu übertragen? Das geht natürlich erst mal nicht, weil hier ja der Grundgedanke ist, jemanden für das eigene Unternehmen zu qualifizieren. In der Wissenschaft qualifiziere ich nur sehr selten für den eigenen Bedarf, damit jemand die eigene Hochschule weiterbringt. Das wäre natürlich schön, aber zunächst einmal ist es deutlich individualistischer: Es soll die Wissenschaft oder das Fach weitergebracht werden. Ich denke, ideal wäre für die Hochschulen beides, wenn die Leute nicht nur dem eigenen Fach verpflichtet sind, sondern sich auch in einer Kooperation mit der Institution sehen.

Bosse: Ich glaube, das schließt sich nicht aus. Wenn sich ein Mitarbeiter durch einen hochkomplexen Prozess im Unternehmen bewegt und dort auf verschiedenen Feldern von der Entwicklung, über die Beschaffung, bis hin zur Produktion Kompetenzen erwirbt, dann qualifiziert ihn das mit Sicherheit auch für eine ganze Reihe von Stellen außerhalb des VW Konzerns.

Abschlussdiskussion Teil I

Jantzen: Ich möchte die Diskussion jetzt öffnen und mit Ihnen diskutieren: Kompetenzen und Kompetenzprofile in der Wissenschaft und für Wissenschaftler/Wissenschaftlerinnen: Was kann das eigentlich sein? Wir haben hier einen weiten Bogen gespannt von forschungspolitischen Fragen über konkrete Angebote des CHE bis hin zu Systematisierungsansätzen in Unternehmen. Was bedeutet das, was wir gehört haben, jetzt ganz konkret für die Etablierung von Personalentwicklung für Wissenschaftler und Wissenschaftlerinnen?

Webler: Ich möchte zunächst auf einen Punkt kommen, den Frau Hubrath in ihrem Beitrag angesprochen hat, und dann zurückkommen auf den allerersten Beitrag. Etwas, das wenig bekannt ist – ich habe mich ausführlicher mit Universitätsgeschichte beschäftigt – und die Universitätsgeschichte hat im 19. Jahrhundert eine sehr interessante Entwicklung gehabt. Diese Entwicklung ist leider verloren gegangen und hat leider keinen Eingang in die Personalstruktur gefunden. Als im 19. Jahrhundert die Universitäten in ihren Forschungsleistungen explodiert sind und sich neue Wissenschaften entwickelt haben, haben die Universitäten eine sehr kreative Entwicklung gemacht: Die Ordinarien hatten ja den Auftrag, das kanonisierte Wissen in der Lehre darzustellen. Nun gab es daneben eine ganze Reihe von Assistenten, die neue Forschungsgebiete entwickelt haben, und im Gegensatz zu heute hat man damals gesehen, wie unsinnig es ist, einen kreativen Forscher, der an seiner Stammhochschule ein neues Forschungsgebiet aufgebaut hat, auf einen Berufungsmarkt zu schicken, auf dem er logischerweise nirgendwo bei einer Denomination sein Spezialgebiet finden konnte. Das ist der Denkfehler, der heute gemacht wird. Diese wunderbaren Spezialisten rauszuschicken, weil wenn ein Hausberufungsverbot besteht, und sie dann von ihren Spezialgebieten, in denen sie stark sind wieder in die Normalität, das heißt den wissenschaftlichen Mainstream zurückzuholen. Und damals hatte man die Idee des Außerplanmäßigen Professors. Und das war der professorale Status, der es den Hochschulen erlaubt hat, diese spezialisierten Personen anzunehmen und zu halten. Das ist die Chance gewesen, die Deutschland gehabt hat, als C3 Professuren eingerichtet wurden. Also eine sinnvolle Position zwischen C4 und C3, diese Chance hat man aber auch nicht erkannt, als die neue W-Struktur eingeführt wurde. Man versucht jetzt stattdessen, die Juniorprofessur über den tenure track in unbefristete Verhältnisse zu überführen, man sollte aber auch noch einmal die historische Erfahrung bedenken und prüfen, ob es nicht auf diese Weise möglich ist, begabte Wissenschaftlerinnen und Wissenschaftler mit ihren Spezialgebieten für die Hochschule zu halten.

Mein zweiter Punkt knüpft noch einmal an die Frage von heute morgen an, was individuelle Betreuung von Wissenschaftlern leistet und was sie nicht leistet. Von daher ist vor dem Hintergrund eines entsprechenden Kompetenzprofils zu fragen, was muss auf Fachbereichsebene, also oberhalb individueller Betreuungsverhältnisse, was muss auf der zentralen Hochschulebene und was muss überregional ermöglicht werden? Darüber hinaus ist dann natürlich die Frage zu stellen nach einer Eignungsprüfung. Bei aller Freiheit in der Wissenschaft muss ja die Eignung festgestellt werden, und heutige Berufungsverfahren leisten das nicht. Die leisten dies nur in einem ganz traditionellen fachlichen Background. Und Berufungsverfahren sind von den dort angelegten Kriterien und von der Besetzung der Kommission auch gar nicht darauf vorbereitet, in einem umfassenderen Sinne die Eignung festzustellen. Es wäre also ein Verfahren zu entwerfen, ein Verfahren des Kompetenzerwerbs für Wissenschaftlerinnen und Wissenschaftler, das eine Basiskompetenz auf jeden Fall sichert. So dass dann das Spezifische der Qualifikation im Berufungsverfahren deutlich heraustritt.

Dalhoff: Ich möchte noch mal auf das Modell der Job-Families zurückkommen. Da wurde ja gesagt, das sei eventuell für den nichtwissenschaftlichen Bereich übertragbar. Ich halte das noch nicht mal für den nichtwissenschaftlichen Bereich für übertragbar, weil in diesem starren System, das wir an Hochschulen haben, einfach und schlicht die Aufstiegsmöglichkeiten fehlen. Außerdem ist es sicher auch ein teures Modell, und kommt insofern für die Hochschulen nicht in Frage. Aber wenn wir es uns denn nun gönnen wollten, so würde dies sicher Hoffnungen wecken, die eine Hochschule an Entwicklungsmöglichkeiten überhaupt nicht erfüllen kann, weil schlichtweg keine Aufstiegschancen im nichtwissenschaftlichen Bereich vorhanden sind. Deshalb stellt sich auch für die Hochschuladministration die Frage: Wie können wir diejenigen, die – möglicherweise auch ohne ein Hochschulstudium – an irgendeiner Stelle in ihre berufliche Laufbahn an einer Hochschule einsteigen, denn überhaupt weiterentwickeln? Sollen die dann alle Fakultätsgeschäftsführer werden? Ich meine, die Konstruktion und die Struktur von Hochschulen auch im nichtwissenschaftlichen Bereich steht der Einführung und der Anwendung eines solchen Modells doch deutlich entgegen.

Fiedler: Ich möchte zumindest mal den Versuch eines Gedankenexperiments wagen, und fragen: Warum soll solch ein Modell nicht auch für die Fachwissenschaftlichen Aspekte im engeren Sinne gelten können? Man muss sich dazu allerdings von den gängigen Begrenzungen der Realität lösen und sich vorzustellen versuchen, wie eine Universität auch funktionieren könnte. Dass eine Universität also auch ganz anders aussehen und funktionieren könnte. Das funktioniert mit dem Stichwort Interdisziplinarität oder Transdisziplinarität. Wenn man die Hochschule jetzt ganz streng in die Fächerstrukturen der einzelnen Disziplinen einteilt, dann mögen die skizzierten Schwierigkeiten eintreten, aber wenn eine Universität ein Profil entwickeln will, dann muss sie auch etwas Neues entwickeln, dann muss sie sich auch ein Stück weit aus ihren disziplinären Strukturen und Begrenzungen hinausbewegen. Es hat da ja schon ganz große Entwicklungen gegeben, ich erinnere etwa an den Bereich der Gesundheits- und Pflegewissenschaften, da gibt es ja mittlerweile Fachbereiche und Fakultäten, wo ganz verschiedene ursprüngliche Disziplinen sich zu einem neuen Profil zusammen gefunden haben. Ich glaube das wäre eine wichtige Herausforderung für die Universitäten, wenn sie das wirklich wollen, sich stärker in eine inter- und transdisziplinäre Richtung zu entwickeln und dadurch noch mal ein ganz neues Profil zu gewinnen.

Das sehe ich auch aus meiner praktischen Arbeit in der Doktorandenförderung: Es gibt ganz viele Arbeiten, die sich an den Grenzfragestellungen und Grenzflächen von Disziplinen bewegen. Und da entstehen momentan natürlich Schwierigkeiten und Verortungsprobleme der Doktoranden und Doktorandinnen. Und wenn sie diese Schwierigkeiten dann einigermaßen überwunden haben und die Arbeit dann fertig ist, dann werden sie von ihren Betreuern wieder zurückgerufen in ihre Disziplin. Das heißt sie werden dann im wahrsten Sinne des Wortes diszipliniert, weil sie sich irgendwo zuordnen müssen, sei es zu einer bestimmten Schule oder zu bestimmten Netzwerken, um diesen Karriereweg in der Wissenschaft dann auch entsprechend weitergehen zu können. Ob das nun allerdings für die Weiterentwicklung der Wissenschaft so sinnvoll ist, kann man doch mit einem Fragezeichen versehen. Und warum soll nicht jemand, der sich z.B. in der Religionssoziologie qualifiziert hat, hinterher in den Kommunikationswissenschaften tätig werden? Und da etwas ganz Neues kreieren können? Das ist jetzt noch ein sehr vager und allgemeiner Gedanke, aber der Versuch, unter diesem Vorzeichen Profilbildung in den Universitäten und Weiterentwicklung der Wissenschaften, unter interdisziplinären Vorzeichen könnte ich mir das durchaus vorstellen. Insofern finde ich die Anregung der Job-Families durchaus reizvoll.

Mehrtens: Ich möchte auf etwas zurückkommen, das mir wichtig ist und womit wir in unserem Haus bereits Erfahrungen gemacht haben: Die Förderung für unterschiedliche Karrierewege für Nachwuchswissenschaftler und Doktoranden. Die Förderung ist bislang implizit und häufig individuell, wenig systematisch organisiert. Explizit formulierte Karriereziele neben der Professur werden in der Nachwuchsförderung kaum thematisiert.

Das zweite, was ich sagen will, ist, dass ich mir die Übertragung des Job-Family-Modells auf die Universität für die Entwicklung und Professionalisierung des Wissenschaftsmanagements sehr gut vorstellen kann.

Eisold: Ich möchte auch noch mal auf das Modell zurückkommen und zwar vor dem Hintergrund der Möglichkeiten, die wir im Forschungszentrum Karlsruhe haben. Da ist es ja so, dass sechshundert, siebenhundert oder achthundert Akademiker, wir nennen die Wissenschaftler bei uns so, befristet beschäftigt sind, und der Rest ist unbefristet beschäftigt. Nun wollen wir ja auch Veränderungen herbeiführen, das heißt, wir wollen die Institute nicht so lassen, wie sie sind, sondern alte Institute abbauen, was natürlich immer schwierig ist, und neue Institute aufbauen, das geht einfacher, und dazu brauchen wir natürlich Kompetenzprofile. Und die Kompetenzprofile haben wir nicht. Z.B. sind die Hälfte unserer Akademiker Physiker, und die haben wir in allen Fachbereichen. Anfang der Neunziger Jahre haben wir deshalb bei uns ein ähnliches Modell gewählt, um andere Positionen attraktiv zu machen, und wir haben dabei festgestellt, so ein Modell ist einfach hilfreich, um Leute direkt anzusprechen oder auf der anderen Seite gegebenenfalls auch zu drücken, wenn irgendein Gebiet nicht mehr da ist, dann muss man auf ein neues Einsatzgebiet warten, wenn man einen unbefristeten Vertrag hat. Eine Crux dabei ist natürlich der BAT mit seiner überaus starren Struktur. Vielleicht wird es ja etwas besser, wenn jetzt die Tarifreform im Öffentlichen Dienst eintritt, vielleicht wird es ja einfacher. Aber man kann auch innerhalb des BAT schon einiges machen, und immer zu sagen, es muss auf jeden Fall ein Sprung nach oben in der BAT-Stufe sein, wenn man Veränderungen herbeiführen will, greift auf jeden Fall zu kurz und schränkt die Möglichkeiten ein. Ich denke das ist auch bei VW nicht so, dass es immer nur ums Geld geht, sondern es gibt auch andere Argumente, eine neue Position attraktiv zu machen, wenn man sagt, das ist ein neues Einsatzgebiet.

Zechlin: Ein wichtiger Punkt wurde eben von Frau Dalhoff angesprochen. Unternehmen investieren bei der Personalentwicklung in die Entwicklung des eigenen Unternehmens. Die Universitäten investieren, wenn sie in ihre Nachwuchswissenschaftler investieren, in die Entwicklung der anderen Universitäten. Der andere Punkt ist die Größe. Sie haben bei VW etwa 330.000 Mitarbeiter, davon erfassen Sie mit ihrem Modell etwa 3.500. Mein Eindruck ist, das ist für Sie auch so etwas wie ein Instrument des Wissensmanagements. Im Unternehmen zu wissen, welche Kompetenzen gibt es bei uns überhaupt an welcher Stelle. Mitarbeiter dann auch gezielt ansprechen zu können. Unsere Universität ist verglichen damit ja viel zu klein, da weiß man einfach voneinander, wer was ist. Von daher ist es schwer übertragbar. Sie können jemandem sagen, wenn du Karosseriebauer werden willst, dann musst du vorher das und das gemacht haben. Ich kann aber schlecht einem Nachwuchswissenschaftler sagen, wenn du Chemieprofessor an dieser Hochschule werden willst, dann musst du vorher das und das machen. Das ist einfach nicht planbar. Job-Families brechen ja die Strukturen auf, und insofern wäre das vielleicht vergleichbar mit interdisziplinären Forschungsgebieten, die ja auch die disziplinäre Struktur aufbrechen. Aber ich glaube, dass diese neuen Gebiete wie, Gesundheitspflegewissenschaften war das Beispiel, sich selber zu neuen Strukturen bilden, die sind dann zwar nicht eine eigene Disziplin, aber sind doch zumindest so verfestigt, wie das sonst für die Disziplinen gilt, und sie bauen damit natürlich auch ihr eigenes Rekrutierungsfeld auf, oder man hat halt eben genau zwischen mehreren Disziplinen promoviert. Letztlich habe ich das Vertrauen behalten, dass die Wissenschaft auch weiterhin kreative Arbeiten sucht und annehmen wird. Es spielt aber immer natürlich etwas hinzu, und das ist die Markt- und Haushaltslage. Es kann sein, dass Leute sehr qualifiziert sind, aber trotzdem keinen Job in ihrem Bereich bekommen.

Niehoff: Ich möchte noch mal zu dem zurück, was einige der letzten Rednerinnen und Redner auch angesprochen haben, nämlich wie viel Veränderung, Kreativität und Innovation ist möglich, was ist aber auch nicht möglich an den Hochschulen? Mein Eindruck ist, dass es einen sehr großen Wunsch danach gibt, viel Freiraum und Möglichkeit zur Kreativität zu haben, aber dass gleichzeitig doch auch nach dem Gleichen und auch Bewährten gesucht wird. Die Erfahrung auch aus gleichstellungspolitischer Sicht ist, dass immer noch eher das Vertraute das Bekannte gesucht wird und auch eher das Vertraute aus den Denkschulen akzeptiert wird als das Fremde. Z.B. die Gender-Forschung, die ja auch stark interdisziplinär arbeitet, hat immer noch große Schwierigkeiten, sich da zu verorten und akzeptiert zu werden, weil doch immer wieder der klassische Kanon verlangt wird. So sehr ich es schätze, wenn Innovationen und Freiräume gefördert und ermöglicht werden, so habe ich doch parallel dazu die Erfahrung, dass es ein unglaublich zäher und zum Teil auch sehr in sich selbst verliebter Rahmen ist, in dem Wissenschaft überhaupt stattfindet. Und da finden Veränderungen zum Teil auch nur ganz langsam statt. Die Frage ist also, wie können wir Veränderungen initiieren, ohne zugleich zuviel Planung da mit hinein zu legen?

Zum zweiten: Wenn es darum geht, unterschiedliche Karrierewege in der und neben der Wissenschaft aufzuzeigen, dann stellt sich mir aus geschlechterpolitischer Perspektive sofort die Frage, gucken wir da, dass wir das gleichermaßen geschlechterneutral machen? Also, dass wir beiden Geschlechtern sowohl den Weg zur Professur als auch die andere Richtung anbieten. Oder gibt es nicht die implizite Botschaft, die Frauen können ja auch woanders was werden, und die männlichen Wissenschaftler eher im System zu lassen. Da möchte ich so etwas wie eine Warnung mit auf den Weg geben, darauf zu achten, wem wir welche Wege aufzeigen.

Bosse: Ich möchte zwei Gedanken beitragen, zum einen den Gedanken, dass die Karrierewege, die interdisziplinär bei uns im Unternehmen stattfinden, nicht zwingend einen Aufstieg in der Hierarchie bedingen. Der Mitarbeiter erwirbt Breitenwissen, auch Prozesswissen, und das qualifiziert ihn ja auch für eine mögliche Bandbreite an anderen Tätigkeiten. Aber nicht jeder kann und soll dadurch automatisch ins Management katapultiert werden. Zum Zweiten würde ich gerne eine Art Kausalkette hier aufmachen. Ich habe heute gelernt, dass viele der Wissenschaftler an den Universitäten gar nicht Professoren werden können, weil einfach die Quantität an Stellen nicht vorhanden ist. Wenn Großunternehmen aber bestimmte Kompetenzen fordern, wenn die Wirtschaft sagt, wir brauchen Methodenkompetenz, wir brauchen Prozesskompetenzen, und wenn 90% der Nachwuchswissenschaftler ja nicht in den Universitäten, sondern in der Wirtschaft landen, dann stehen die Universitäten doch in einer gewissen sozialen Verantwortung. Dann müsste man doch etwas dafür tun, dass diese Leute mit der entsprechenden Kompetenz und damit auch mit einem entsprechenden Qualifizierungsnachweis in der Wirtschaft aufschlagen.

Fedrowitz: Der Beitrag von Herrn Bosse hat mich zu der Überlegung gebracht, ob wir an den Hochschulen bzw. im Wissenschaftssystem, wenn man das etwas weiter fassen will, nicht unglaublich viele Kompetenzen verschenken? In dem Modell, das Sie vorgestellt haben, wird genau geguckt, was hat ein Mitarbeiter für Kompetenzen, wie kann man die entwickeln und wo kann der Mitarbeiter mit diesen Kompetenzen hingehen. In der Hochschule gibt es bislang eher eindimensionale Pfade entweder in der Wissenschaft oder in der Verwaltung, und das produziert, wie wir alle wissen, an sehr vielen Stellen natürlich auch sehr viel Frustration. Und es wurde eben gesagt, wir können uns das eigentlich gar nicht leisten, solch ein Modell zu übertragen, aber ich finde, man muss auch umgekehrt fragen, können wir uns das überhaupt leisten, weiter so vorzugehen, wie wir das jetzt tun?

Hubrath: Ich möchte auf die Frage eingehen, die Herr Zechlin gestellt hat. Was soll Hochschulen eigentlich dazu bewegen, in die Qualifizierung und in die Entwicklung ihrer Nachwuchswissenschaftler zu investieren, wenn diese Fähigkeiten dann später einer ganz anderen Hochschule zugute kommen? Zum einen bin ich davon überzeugt, dass viele Kompetenzen, etwa im Projektmanagement, in der Einwerbung von Fördermitteln oder in der Ausfüllung der Rolle als Führungskraft schon sehr viel früher wirksam werden, und zwar bereits in den zwei, drei, fünf oder sechs Jahren, in denen die Nachwuchswissenschaftler/innen an der Hochschule beschäftigt sind. Diese Qualifikationen greifen ja nicht erst, nachdem die Hochschule verlassen wurde. Zum zweiten bieten solch ein Engagement und solch eine Investition für die einzelne Hochschule auch die Möglichkeit, eigene Qualitätsstandards zu setzen. Ich denke dabei z.B. an Auswahl- und Berufungsverfahren. Wenn eine Hochschule festlegt, dass in Berufungsverfahren für die Besetzung von Professuren bestimmte Fähigkeiten und Kenntnisse erforderlich sind, lässt sich gut argumentieren, dass die eigenen Nachwuchswissenschaftler, die dann von anderen Hochschulen berufen und eingestellt werden, ebenfalls entsprechend qualifiziert sind.

Zechlin: Man muss unterscheiden zwischen den einzelnen Personenkreisen, die sich in der Universität befinden. Fangen wir mal an bei den Doktorandinnen und Doktoranden: Das sind Leute, die werden die Universität verlassen. Und das sind zweitens Leute, deren Karrierechancen – sofern sie in der Uni bleiben wollen – von ihrer wissenschaftlichen Leistungsfähigkeit abhängen. Also da sollte man dafür sorgen, dass sie nicht missbraucht werden. Dass die Vertragsdauer wirklich dafür eingesetzt werden kann, dass sie sich qualifizieren können. Und das berührt natürlich die Frage nach den Strukturen in der Universität, den Studienstrukturen. Ich finde da sehr plausibel das Modell an den amerikanischen Hochschulen der *graduate schools*: Wo die Studierenden schon in der Masterphase mit ihrer PhD-Ausbildung und mit Forschungsarbeiten anfangen. Bei uns im Bologna-Prozess überwiegt ja die Vorstellung, die machen jetzt erst mal den Bachelor, dann kommt der Master und danach kommt das Graduiertenkolleg. Das verlängert das endlos. Und das bringt die Doktoranden, je älter sie werden, immer mehr in den Druck, sich multifunktional qualifizieren zu müssen, weil sie nicht wissen, ob sie überhaupt in der Uni bleiben. Wenn sie schon in der Masterphase anfangen mit Forschungsarbeiten, und ein Teil von denen dann nach der Masterphase ausscheidet, der andere Teil dann länger drin bleibt und dann die Promotion anfertigt, sind die Doktoranden früher qualifiziert. Und diesen Kreis, den würde ich wie folgt aufsetzen: „Sieh zu, dass du dich wissenschaftlich qualifizierst, alles andere, mit Methodenkompetenzen, Sozialkompetenzen usw., selbst mit Vermittlungskompetenzen, die mir wichtig sind, all das kann später kommen. Denn die Chance, im Wissenschaftssystem zu verbleiben, hängt ja maßgeblich davon ab, was die Person wissenschaftlich gemacht hat.

Dann zum Thema Hausberufungen und Apl.-Professuren: Ich bin ein Gegner von Hausberufungen, ich finde man muss einmal gewechselt haben. Ich bin dagegen, dass man an der Hochschule an der man Diplom gemacht hat oder auch promoviert, dann auch eine Professur bekommt. Ich finde, man soll einmal wechseln, dann sollte man auf Juniorprofessuren zeitlich befristet eingestellt werden. Und diese Juniorprofessoren sollten dann aber entfristet werden können, das wäre dann keine Hausberufung mehr für mich. Solche Leute wären früher im System drin als zur Zeit, und in die sollte man dann auch investieren: Z.B. was die Managementkompetenzen betrifft, Stichwort Dekane-Schulung, hier könnte man früher ansetzen. Und da lohnt es sich, auch selbst zu investieren. Weil solche Leute in der Uni bleiben.

Hohnholz: Was mich schon die ganze Zeit über bewegt ist, dass wir noch gar nicht darüber gesprochen haben, welche Anreizsysteme es eigentlich für die Nachwuchsförderung gibt. Natürlich haben die Hochschulen etwas davon, wenn sie gezielte Nachwuchsförderung betreiben, im besten Fall wird sich das auch noch während der Beschäftigungszeit amortisieren, aber es bleibt das Problem, was man grundsätzlich für die Entwicklung einer anderen Institution einer anderen Hochschule investiert. Wo bleiben also Anreizsysteme, damit sich das für die einzelne Hochschule auch rechnet und in irgendeiner Form Entlastung stattfindet, damit Nachwuchsförderung eine Wichtigkeit bekommt und nicht einfach nur chic ist?

Mehrtens: Ich glaube, wir haben keinen Förderkonsens an den Hochschulen bezüglich der Nachwuchsförderung, aber auch hochschulübergreifend gibt es wenig Übereinstimmung. Es gibt unterschiedliche Ansprüche in den Hochschulen natürlich auch in den verschiedenen Fachbereichen, da wurde eben das Beispiel aus den Naturwissenschaften gebracht, das hängt natürlich auch mit unterschiedlichen Verwertungsgeschichten zusammen.

Zum zweiten: Weil wir in der Nachwuchsförderung primär für andere Hochschulen ausbilden und qualifizieren, stellt sich ein Problem, das sich auf die Organisationsvorteilhaftigkeit von Förderung bezieht. Sie haben im Unternehmen unmittelbar den Vorteil von der Förderung ihrer Mitarbeiter. Hochschulen profitieren dagegen nur mittelbar von der Nachwuchsförderung (Reputation, Image).

Teil II

Pionierarbeit:
Personalentwicklungsangebote für Wissenschaftler/innen

Maßgeschneiderte Förderung für unterschiedliche wissenschaftliche Qualifizierungsphasen in einer Großforschungseinrichtung

Klaus Eisold

1. Das Forschungszentrum Karlsruhe

Das Forschungszentrum Karlsruhe ist eine der größten natur- und ingenieurwissenschaftlichen Forschungseinrichtungen in Europa. Gesellschafter sind die Bundesrepublik Deutschland zu 90% und das Land Baden-Württemberg zu 10%. Das Forschungszentrum Karlsruhe ist Mitglied der Helmholtz-Gemeinschaft (HGF), in der sich 15 naturwissenschaftlich-technische und medizinisch-biologische Forschungszentren zusammengeschlossen haben.

Die Gründung war 1956 als Gesellschaft für Kernforschung, später erfolgte die Umbenennung in Kernforschungszentrum Karlsruhe (KfK). Unter diesem Namen hat das KfK weltweites Ansehen erlangt. Der heutige Name „Forschungszentrum Karlsruhe" (FZK) wurde Anfang der 90er Jahre eingeführt, nachdem sich die Forschungsschwerpunkte stark gewandelt haben. Das Schaubild zeigt die heutigen Forschungsschwerpunkte:

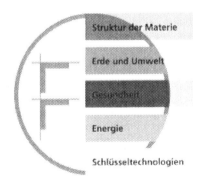

Struktur der Materie	Astroteilchenphysik, Nukleare Astrophysik, Kondensierte Materie, Synchrotronstrahlung, Grid Computing Centre Karlsruhe (GridKa)
Erde und Umwelt	Atmosphäre und Klima Nachhaltigkeit und Technik
Gesundheit	Biomedizinische Forschung Regenerative Medizin
Energie	Kernfusion, Nukleare Sicherheitsforschung Rationelle Energieumwandlung
Schlüsseltechnologien	Mikrosystemtechnik, Nanotechnologie Wissenschaftliches Rechnen

Das FZK beschäftigt ca. 3800 Mitarbeiter, davon etwa 1400 Wissenschaftler (darunter 200 ausländische Gäste), 60 Professoren, 185 Doktoranden und rund 300 Auszubildende.

1.1 Personalentwicklung am Forschungszentrum Karlsruhe

Es existieren vielfältige Personalentwicklungsprogramme. Ein Förderprogramm für exzellenten wissenschaftlich/technischen Führungsnachwuchs wird seit mehreren Jahren erfolgreich durchgeführt. Besonders herausragende Promotionen werden mit dem Doktorandenpreis bedacht. Darüber hinaus bieten wir umfangreiche interne Weiterbildungsprogramme an unserem Fortbildungszentrum für Technik und Umwelt (FTU) an, die sich auch an den wissenschaftlichen Nachwuchs richten. Wir unterstützen eine zielgerichtete Weiterbildung durch ein Zertifikat, das sich besonders an den wissenschaftlichen Nachwuchs richtet und jeweils vier bis fünf aufeinander aufbauende Seminare umfasst. Dies bietet die Gewähr für die überfachlichen Qualifikationen, z. B. in den Bereichen Präsentations- und Arbeitstechniken, Projektmanagement, Marketing, Sprachen und Führungstechniken.

Ergänzend hierzu werden auch externe Seminaranbieter genutzt. Zu erwähnen ist hierbei die enge Zusammenarbeit mit dem Zentrum für Wissenschaftsmanagement in Speyer (ZWM), das in unsere Qualifizierungsmaßnahmen eingebunden wird. Rund zehn Mitarbeiter/innen haben in den letzten Jahren im Rahmen des Ergänzungsstudiums Wissenschaftsmanagement (drei Monate Vollzeit) wissenschaftsadäquates Managementwissen vermittelt bekommen.

Durch Gastwissenschaftlerprogramme werden junge ausländische Wissenschaftler/innen für die HGF-Zentren gewonnen, womit auch, neben der Nachwuchsförderung, die internationale Ausrichtung der Programme gestärkt wird. Zur Unterstützung dieser Wissenschaftler/innen und zur Verbesserung der Effektivität und Effizienz der Zusammenarbeit werden auch interkulturelle Trainings angeboten.

Die in den Programmen arbeitenden Institute fördern ihren wissenschaftlichen Nachwuchs durch personen- und institutsspezifische Maßnahmen. Methoden hierbei sind die Heranführung und Übertragung von herausfordernden Aufgaben, Mitarbeit in wichtigen Projekten, Übernahme von Projektverantwortung, Heranführung an die Tätigkeit in der Lehre, internationale Vorträge, Versendung bzw. Austauschprogramme mit anderen Organisationen (national wie auch international) sowie Teilnahme an internen und externen Summer-/Winter-Schools. Weitere Fördermaßnahmen liegen in der Heranführung an die Beantragung/Einholung von Drittmittelprojekten.

Obiges sollte einen kurzen Überblick über unsere Personalentwicklungsstrategie geben. Anschließend werden die Maßnahmen im Detail beschrieben.

2. Maßgeschneiderte Förderung für unterschiedliche wissenschaftliche Qualifizierungsphasen

Die Grundsätze der Personalentwicklung im Forschungszentrum Karlsruhe lassen sich folgendermaßen zusammenfassen:
- an der Entwicklung der Mitarbeiter/innen orientiert,
- betrieblicher oder überbetrieblicher Natur,

- der Bildung der Mitarbeiter/innen,
- der individuellen Förderung der Mitarbeiter/innen und,
- der Organisationsentwicklung dienend sowie
- zielorientiert geplant, realisiert und evaluiert.

„Der Mensch steht im Mittelpunkt!"

Die Personalentwicklungsmaßnahmen lassen sich unterscheiden nach individuellen Maßnahmen, Entwicklungs- und Seminarprogrammen. Unsere Personalentwicklungskonzepte sind abgestimmt auf die Mitarbeiter des Forschungszentrums. Die hier dargestellten Konzepte sind unter dem Aspekt der wissenschaftlichen Qualifizierung zusammengestellt.

Basis allen Handelns ist der Auftrag an die Personalentwicklung, der durch die Führungskräfte bzw. den Vorstand an uns herangetragen wird.

2.1 Individuelle Maßnahmen

Beratung und Unterstützung

Es erfolgt die „traditionelle" Art der Beratung von Mitarbeitern und Führungskräften. Diese kann z. B. in Vorschlägen für individuelle Weiterbildungsmaßnahmen in Form von Seminaren und Kursen, in persönlichen Qualifizierungsmaßnahmen und in Maßnahmen für die Gruppe bzw. Abteilung münden.

Abteilungsspezifische Maßnahmen

Auf entsprechende Anfrage hin planen und organisieren wir Maßnahmen/Workshops für einzelne Gruppen oder Abteilungen. Beispielhaft kann hierfür ein Projektmanagement-Seminar für ein Institut stehen.

2.2 Entwicklungsprogramme

2.2.1 Förderprogramm für exzellenten wissenschaftlich/technischen Führungsnachwuchs

Dieses Programm richtet sich an Mitarbeiter/innen mit befristeten Verträgen (Post-Doktoranden) sowie einer in der Regel ca. 3-jährigen Zugehörigkeit zum Forschungszentrum. Kandidaten und Kandidatinnen sollten folgendes Anforderungsprofil erfüllen:

Die Teilnehmer/innen sollten herausragende Studienleistungen aufweisen, eine weit überdurchschnittliche Promotion besitzen und/oder anderweitig herausragende wissenschaftlich-technische Kompetenz unter Beweis gestellt haben sowie erste Auslandserfahrungen haben. Im Hinblick auf die Interdisziplinarität der F&E-Programme des Zentrums sollten sie in der Lage sein, ein breiteres fachliches Spektrum abzudecken.

Die Teilnehmer/innen sollten klare Zielvorstellungen haben, diese anderen vermitteln können sowie über Ausdauer und hohe Belastbarkeit verfügen. Darüber erwarten wir eine teamorientierte Arbeitsweise.

Gemeinsam mit dem/der Teilnehmer/in und der Institutsleitung wird ein strategisch angelegtes Programm entwickelt, das aus dezentralen Maßnahmen im Verantwortungsbereich des Instituts, aus individuellen Qualifizierungen (zugeschnitten auf den Einzelnen) und gemeinsamen Seminarbausteinen (3 x 3 Tage zzgl. 2 Zwischentreffen zur „Kollegialen Beratung") besteht. Ergänzt werden die Maßnahmen durch netzwerkbildende Treffen in den jeweiligen Instituten der Teilnehmer.

Zielsetzung:
- Förderung von exzellentem wissenschaftlich/technischen Führungsnachwuchs
- Sicherung des wissenschaftlichen Nachwuchses
- Interdisziplinärer Erfahrungsaustausch
- Netzwerkbildung für gegenseitige fachliche und überfachliche Hilfe.

2.2.2 Mentoring-Programm
Für dieses Programm ist die Konzeptionsphase abgeschlossen. Es geht nun an die konkrete Umsetzung.

Definition:
Personalentwicklungsmaßnahme zur beruflichen und persönlichen Entwicklung und Karriereförderung, basierend auf einer Zweierbeziehung – dem Tandem (Mentor und Mentee).

Vorteile für die Mentees:
- Klärung und Beratung persönlicher Karriere- und Lebensziele,
- Verbesserung der Selbsteinschätzung durch Feedback des Mentors
- Weiterentwicklung von Führungskompetenzen und wirksamen Strategien zur Durchsetzung persönlicher Interessen,
- Zugang zu einem karriererelevanten Netzwerk

Vorteile für die Mentoren:
- Weitergabe der eigenen Erfahrungen,
- Reflektion des eigenen Verhaltens und Führungsstils,
- Training und Anwendung von Führungs- und Coaching-Qualitäten,
- Perspektivenwechsel.

Vorteile für das Forschungszentrum:
- Nachwuchsförderung und Bildung eines Pools qualifizierter Nachwuchsführungskräfte,

- bessere Nutzung vorhandener Personal-Qualifikationen,
- Verstärkung der Kooperation innerhalb des Forschungszentrums,
- Positive Innen- und Außenwirkung.

In der Pilotphase sollen 8 Tandems für die Dauer von einem Jahr gebildet werden. Im ersten Schritt werden unter Chancengleichheitsgesichtspunkten nur Frauen in dieses Projekt einbezogen.

Weitere Eingrenzungen sind: höchstens fünf Jahre Zugehörigkeit zum Forschungszentrum, Streben nach einer Führungsaufgabe, zur Zeit höchstens Gruppenleiterfunktion, klare Vorstellung über die berufliche Zukunft und persönliche Weiterentwicklung sowie Eigeninitiative und Engagement.

2.2.3 ZWM (Zentrum für Wissenschaftsmanagement)

2002 wurde an der dhv (Deutsche Hochschule für Verwaltungswissenschaften) das Zentrum für Wissenschaftsmanagement (ZWM) gegründet. Ziel des ZWM ist „die Professionalisierung des Wissenschaftsmanagements". Das ZWM führt verschiedene Veranstaltungsarten durch, die sich folgendermaßen kennzeichnen: „Expertengespräche initiieren Themen und setzen Impulse, Trainings vertiefen zentrale Fragen des Wissenschaftsmanagements, Thementage sind aktuellen Trends gewidmet".[29] Zudem wird ein Weiterbildungsstudium Wissenschaftsmanagement angeboten.

Als Gründungsmitglied nutzen wir das ZWM als einen festen Bestandteil zur Qualifizierung unserer Wissenschaftler. Wir nutzen hier insbesondere das o. g. dreimonatige Weiterbildungsstudium zum/zur Wissenschaftsmanager/in oder den dreiwöchigen Lehrgang für junge Wissenschaftsmanager/innen. Dem steigenden Bedarf in den Instituten nach diesem ergänzenden Qualifikationsprofil tragen wir hiermit Rechnung.

2.2.4 HGF-Förderprogramme

Auch die Helmholtz-Gemeinschaft, zu der wir als Forschungszentrum Karlsruhe als eines von 16 Mitgliedern gehören, engagiert sich immer mehr in der Qualifizierung von Wissenschaftlern. Diese nutzen wir gerne, da wir hierdurch auch den Vernetzungsgedanken einbringen können. Ein zentraler Bestandteil sind die 2004 eingeführten Helmholtz-Nachwuchsgruppen. Deren Ziel ist, herausragenden Wissenschaftlern ein Umfeld zu geben, in dem sie unter starker Eigenverantwortung, aber mit Unterstützung, die eigenen Fähigkeiten ausbauen können.

2.2.5 Doktorandenprogramm

Mit dem Doktorandenprogramm (Teilnahmevoraussetzungen u. a. Hochschulstudium mit Abschlussnote mindestens 2,0, in der Regel nicht älter als 30 Jahre) möchten wir als zentrales Anliegen, außer dem Abschluss der Promotion innerhalb von 3 Jahren, auch unser Know-how in wissenschaftlichen Forschungsarbei-

---

[29] Weiterbildungsprogramm des ZWM 2004

ten vertiefen. Der Doktorand soll gleichzeitig Erfahrungen sammeln in der Zusammenarbeit im Team als auch in der interdisziplinären Zusammenarbeit. Um die Betreuung zu verbessern, wird eine Informations-/Qualifizierungsveranstaltung für die Betreuer vor Ort durchgeführt.

Doktorandenpreis des Forschungszentrums

Ein besonderer Aspekt im Rahmen unseres Doktorandenprogramms ist der Doktorandenpreis. Hierbei wird die beste Dissertation eines Jahres ausgezeichnet. Kriterien für die Auswahl sind: eine herausragende Dissertation (mit Auszeichnung), die Originalität und nationale/internationale Anerkennung sowie die Dauer der Arbeit. Der Doktorandenpreis ist mit einem Geldpreis verbunden.

2.3 Seminare

Seminare sind ein zentraler Bestandteil der Weiterbildung. Dies erfolgt durch individuell zusammengestellte externe Seminare, aber durch unser eigenes Fortbildungszentrum für Technik und Umwelt (FTU).

2.3.1 Seminarprogramm des FZK/externe Seminarangebote

Das Forschungszentrum Karlsruhe führt in der FTU ca. 700 Kursveranstaltungen mit über 11.000 Kursteilnehmern durch. Das Spektrum reicht von Seminaren zum Strahlenschutz, Kerntechnik, Umwelt- und Arbeitsschutz, Informations- und Kommunikationstechnik über Managementseminar bis hin zu internationalen Seminaren. Kursteilnehmer sind Mitarbeiter des FZK als auch externe Teilnehmer.

In dieser Abhandlung sind insbesondere die Managementseminare relevant:
- Führungsseminare (von Grundlagen bis zu spezifischen Aspekten wie z. B. Sucht),
- Projektmanagement,
- Moderation, Präsentation und Verhandlungstechnik (in Deutsch und Englisch),
- Seminare zum Thema Chancengleichheit,
- Gruppenspezifische Seminare (Sekretärinnen, Meister).

2.3.2 Systematische Fortbildung

Um in der Vielzahl von ca. 65 Seminaren des FTU den Mitarbeitern unter dem Gesichtspunkt einer individuellen Planung eine Zielrichtung zu geben, haben wir die Kurse systematisch zusammengeführt. Nach Besuch von 4 bzw. 5 aufeinander aufbauenden Seminaren bekommt der Mitarbeiter ein Zertifikat, welches diese Qualifizierung bescheinigt. Wir haben Zertifikate für folgende Gruppen entwickelt:
- Führungskräfte,
- Projektmanager/innen,

- Wissenschaftler/innen,
- Arbeitstechniken für Wissenschaftler.

2.3.3 Seminarcontrolling

Durch das Seminarcontrolling stellen wir zum einen sicher, den Bedarf der Mitarbeiter und des Unternehmens zu decken. Zum anderen wird auch die Qualitätskontrolle der Seminare vorgenommen. Es wird ein mehrstufiges System angewandt:
1. Abschlussgespräch nach jedem Kurs mit dem Kursleiter,
2. Feedbackbögen, die direkt nach dem Kurs eingesammelt werden,
3. Weiterbildungsumfrage, die alle zwei Jahre durchgeführt wird.

Hierdurch können wir das bestehende Seminarangebot laufend dem Bedarf anpassen und weiterentwickeln. Wir schaffen so optimale Voraussetzungen für die Persönlichkeitsentwicklung der Mitarbeiter/innen.

3. Zusammenfassung

Im Rahmen der Ausführung wurde deutlich, dass die „Maßgeschneiderte Förderung für unterschiedliche wissenschaftliche Qualifizierungsphasen in einer Großforschungseinrichtung" aus vielen Mosaikbausteinen besteht. Dies ermöglicht die zielgerichtete Qualifizierung der Wissenschaftler in den jeweiligen Stufen ihrer Entwicklung. Ein Vergleich mit Personalentwicklungsstrategien der Industrie ist meines Erachtens hier nicht zulässig, da man von ganz anderen Strukturen ausgehen muss. Bei Betrachtung des wissenschaftlichen Nachwuchses wird der Unterschied deutlich. Häufig liegen befristete Arbeitsverträge vor, da die Forschungsaufgaben und/oder die Finanzierung begrenzt sind. Hinzu kommt, dass ein zentraler Bestandteil der Nachwuchsförderung den Wechsel in andere Institutionen bzw. in das Ausland, beinhaltet. Trotzdem werden die Mitarbeiter in vielfältiger Weise über die rein fachlichen Aspekte (die nicht Inhalt dieser Ausarbeitung waren) gefördert.

Es sollte trotzdem angemerkt werden, dass es aus Sicht eines Personalentwicklers noch vielfältige Verbesserungen und Erweiterungen in der Personalentwicklung für Wissenschaftler gibt. Wichtig ist hierbei aber, und das muss auch der Grundsatz sein, der Wissenschaft dürfen nicht die vermeintlich richtigen Ideen des Personalentwicklers aufgedrängt werden, sondern die Konzepte und Maßnahmen sind gemeinsam mit der Wissenschaft zu entwickeln.

Diskussionsprotokoll

Niehoff: Mich würde interessieren, ob es in Ihrer Forschungseinrichtung so etwas gibt wie Betreuungskontakte im weitesten Sinne. Wir haben hier die Erfahrung gemacht, dass es bei dem Versuch, solche Betreuungskontakte zwischen Professoren und Wissenschaftlichen Mitarbeiter/innen einzuführen sehr viel Widerstand gegeben hat. Das lag unter anderem auch daran, dass dies als ein sehr individuell zu gestaltendes Feld wahrgenommen wird, etwa bei der Promotionsbetreuung, und das sollte nach Auffassung vieler auch in der individuellen Form beibehalten werden. Wie sind da Ihre Erfahrungen in Karlsruhe?

Eisold: Also, Betreuer sind bei uns nicht in erster Linie die Professoren, sondern diejenigen Personen, die alltäglich die individuelle Betreuungsfunktion wahrnehmen. Wenn Sie sich die Struktur anschauen: Wir haben ein Institut mit vielleicht 50 oder 80 Mitarbeitern, ein Professor führt das Institut und am anderen Ende der Hierarchie gibt es die Doktoranden. Diese werden dann von promovierten oder habilitierten Mitarbeitern angeleitet, und schreiben möglicherweise auch bei einem externen Professor ihre Dissertation. Das heißt, wir haben Betreuer auf der wissenschaftlichen Ebene, die aber unterhalb der Professorenebene sein können. Hervorheben möchte ich aber, dass die Doktorandenausbildung ein zentrales Anliegen der Institutsleitung ist.

Das, was Sie angesprochen haben – die Betreuungskontakte, ist das, was auch bei uns diskutiert wird. Wir wollten hierzu erst ein Seminar durchführen, ein Betreuerseminar über ein oder zwei Tage. Es wird von der Form her aber etwas zwischen einem Seminar und einer Tagung werden, damit genau dieser Vorbehalt und dieser Einwand diskutiert werden können, inwieweit die Betreuung individuell, je nach den einzelnen Anforderungen gestaltet und nicht von einer zentralen Idee vorgeben werden kann.

Lewandowski: Als Personalentwickler hätte ich natürlich viele Fragen an das, was Sie vorgestellt haben, aber ich möchte mich auf einen strukturellen Aspekt beschränken, um eine Idee davon zu bekommen, wie die Rolle der Personalentwicklung genau ausgefüllt ist. Besonders interessieren mich die Anknüpfungspunkte an den wissenschaftlichen Bereich: Wie kommen Sie genau an die wissenschaftlichen Mitarbeiter heran? Wie läuft der Kontakt? Und wer sind Ihre Gesprächspartner, mit denen Sie sich austauschen? Und bei der Größe Ihrer Einrichtung würde mich natürlich auch interessieren: mit wie vielen Kollegen arbeiten Sie, wie viele sind bei Ihnen im Bereich der Personalentwicklung beschäftigt?

Eisold: Angefangen mit dem Auftrag: Sie wissen ja, Personalentwickler erteilen sich den Auftrag gerne selbst, aber um ernsthaft zu bleiben, so funktioniert dies natürlich nicht. Wichtig ist, den entsprechenden Arbeitsauftrag auch vom Vorstand zu bekommen. Wir als Personalentwickler sind da gefordert und versuchen, unsere Aufträge entweder vom Vorstand oder direkt aus den Instituten zu bekommen, je nach Aufgabenstellung. Für das Weiterbildungsangebot haben wir einen Globalauftrag, den wir umsetzen und über das Weiterbildungscontrolling evaluieren. Natürlich wird auch Bedarf aus den Instituten oder sonstigen Gremien angemeldet. So hat uns die Doktorandenkommission etwa den Auftrag gegeben, das eben angesprochene Betreuerseminar zu organisieren. Ergänzt wurde dies um den Wunsch, den Aufbau eines Doktorandenkollegs zu unterstützen. Dies sind Aufträge die wir ganz klar bekommen haben.

Ihre zweite Frage zielte auf unsere Ansprechpartner. Dies sind in erster Linie der Vorstand und die Institutsleiter. Hinzu kommen natürlich einzelne Führungskräfte und Mitarbeiter, die gegebenenfalls auf uns zukommen, aber die ersten Ansprechpartner sind, wie gesagt, Vorstand und Institutsleiter.

Zu unserer eigenen Organisation der Personalentwicklung: Diese ist aus meiner Sicht sehr dürftig. Wir haben eine Person, die für Personalentwicklung angestellt ist, komplett. Ich selbst habe ja auch noch andere Aufgaben und mache das so etwa zu einem Drittel meiner Zeit. Das ist natürlich auch immer projektabhängig. Zudem gibt es noch unser Weiterbildungsinstitut, wo mit über 10.000 Teilnehmern im Jahr interne und offene Seminare stattfinden. Dort sind etwa 25 Personen beschäftigt, die sich aber selbst tragen. Wir haben in der Personalentwicklung fast kein eigenes Budget und nutzen dies, um bestimmte Seminare wie Führungsseminare, Seminare zum Projektmanagement, zur interkulturellen Kommunikation und zur Chancengleichheit kostenlos anbieten zu können und somit die Teilnahme an den Seminaren nicht am Geld scheitern zu lassen. Dafür haben wir ein Budget von etwa 200.000 €, die wir verplanen können. Ansonsten wird alles, was das Seminarangebot betrifft, direkt aus den Instituten finanziert.

Amend-Wegmann: Mich würde interessieren, wie Ihre Angebote angenommen werden. Ich könnte mir vorstellen, dass bestimmte Bereiche besser angenommen werden als andere – wie sieht es bei Ihnen aus?

Eisold: Das entscheidet sich natürlich nach der Nachfrage. Es wird Werbung für die Seminare gemacht und dann sieht man, ob ein Seminar zustande kommt und voll wird oder auch nicht. Da das Weiterbildungsinstitut sich aber selbst tragen soll, haben sie natürlich ein Interesse daran, dass die Seminare stattfinden können.

Amend-Wegmann: Dann habe ich noch eine zweite Frage: Welchen Anteil haben Themen der Frauenförderung in Ihren Programmen und Maßnahmen? Ist es überhaupt ein Thema?

Eisold: Von Seiten der Personalentwicklung gibt es insbesondere drei Angebote im Rahmen der Frauenförderung: das ist ein Führungstraining für Frauen, ein Karriere-Seminar und ein Seminar zur Vereinbarkeit von Familie und Beruf. Darüber hinaus ist ein Frauenförderplan in Erarbeitung. Dieser soll die Frauenförderung sehr umfassend gestalten. Hierzu gehört auch ein Mentoring-Programm für Frauen, dass zur Zeit vorbereitet wird.

Amend-Wegmann: Beobachten Sie denn aus Ihrer Erfahrung Unterschiede zwischen Männern und Frauen im Verlauf ihrer wissenschaftlichen Karriere? Also spielt das Geschlecht bei der Karriereentwicklung eine Rolle, oder eher nicht?

Eisold: Wir haben hierzu keine wissenschaftlichen Untersuchungen gemacht, aber hier gilt nach allen unseren Erfahrungen und Beobachtungen die gleiche Situation wie allgemein in Deutschland. Der Anteil der Frauen in höheren Positionen ist geringer als in unteren und mittleren Positionen. Dies lässt sich z. B. an den BAT-Stufen ablesen. In der Personalentwicklung legen wir Wert darauf, die Seminare gemeinsam mit der Chancengleichheitsbeauftragten zu besprechen. Diese legt großen Wert darauf, dass die entsprechenden Frauenförderaspekte in alle Maßnahmen eingebracht werden.

Dalhoff: Sie haben am Anfang erwähnt, dass es bei dem Exzellenz-Programm, das ja auch finanziell ganz gut ausgestattet war, hin und wieder gewisse Motivationsprobleme gab. Also das Problem, die Teilnehmer auch wirklich langfristig bei der Stange zu halten. Und zwar aufgrund der vielen anderen Verpflichtungen, die die Teilnehmer haben. Das ist eine Erfahrung, die ich auch gerade bei der Organisation eines Mentoringprogramms mache, das sich an außeruniversitäre Forschungseinrichtungen wendet. Dass nämlich das Bewusstsein, dass die Teilnahme an einem solchen Programm sich günstig auf die eigene Karriereentwicklung auswirken kann und folglich etwas ist, das ich für mich als Person und für meine eigene Karriere unternehme, manchmal schwer vermittelbar ist. Kommt es bei Ihnen auch manchmal vor, dass die Teilnehmer/innen mitunter das Gefühl haben, „ich hab doch viel wichtigeres zu tun in meiner wissenschaftlichen Karriere"?

Eisold: Wir haben gerade bei dem Exzellenz-Programm sehr positive Erfahrungen mit der Teilnahme von Wissenschaftlern. Vielleicht hatten wir großes Glück mit den Trainern oder das richtige Konzept. Die Schwierigkeiten bezogen sich fast nur auf die erstmalige Teilnahme, da hatten wir die gleichen Diskussionen, wie Sie es angesprochen hatten. Nach dem ersten Seminartag waren aber alle mit Spaß und Engagement dabei.

Wir als Personalentwickler waren außer zur Begrüßung und zum Abschluss in den Seminaren selbst nicht dabei, da dort z. B. auch sehr persönliche Dinge diskutiert werden, und es wichtig ist, eine Vertrauensbasis im Seminar aufzubauen. Die Seminare selber erfordern einen relativ hohen Zeitaufwand. Wir haben diese dreimal über je drei Tage durchgeführt und dazwischen zusätzlich einen Seminartag für die so genannte kollegiale Beratung genutzt. Dieser Ansatz wurde von den Teilnehmern akzeptiert und wir haben die positive Wirkung dieser Maßnahme gespürt. Die Teilnehmer verschiedener Jahrgänge treffen sich über den Seminarrahmen hinaus noch. An einem Beispiel haben sie sich noch mehrmals in der gesamten Gruppe getroffen, einmal mit externer Betreuung. Das zeigt uns, dass es innerhalb des Forschungszentrums funktioniert und ich glaube, das liegt daran, weil es gelungen ist eine Gruppe zu etablieren, in der sich die Einzelnen unterstützen und gegenseitig helfen.

Wie bereits angesprochen, ist ein Mentoring-Programm bei uns in noch in der Konzeptionsphase.

Fedrowitz: Ich wollte fragen, woran Sie den Erfolg Ihres Personalentwicklungsprogramms oder dieses Bündels von Maßnahmen messen? Und zwar jetzt weniger im Sinne von Teilnehmerzahlen, als vielmehr im Sinne von Wirkung.

Eisold: Bei den Seminaren ist das ganz einfach: Wir setzen einen Rückmeldebogen ein und machen regelmäßig eine Weiterbildungsumfrage unter den Mitarbeitern. Bei dem Excellenz-Programm, haben wir die Rückmeldung sehr persönlich erhalten, das heißt, dass wir mit den Teilnehmern persönlich gesprochen haben. Erfolgte Rufe von Teilnehmern an andere Universitäten können vielleicht ein Erfolgsindiz sein.

Darüber hinaus stellt sich aber die grundsätzliche Frage, woran man den Erfolg von Personalentwicklung messen kann? Und könnte es sein, dass Veränderungen, die wir z. B. in den letzten 5 Jahren wahrnehmen, nicht nur auf die Maßnahmen der Personalentwicklung zurückgehen, sondern auch zu tun haben mit allgemeinen Entwicklungen, die stattfinden? Oder es ist tatsächlich so, dass Personalentwicklung mittlerweile eine ganz andere Rolle spielt?

Mehrtens: Welche strategische Bedeutung hat die Personalentwicklung innerhalb des Forschungszentrums Karlsruhe? Wie sehen Sie sich selber: Als aktiver Gestalter der Organisationsentwicklung im Forschungszentrum oder eher als nachfrageorientierter Dienstleister?

Eisold: Zum ersten Teil Ihrer Frage, welche Rolle spielt die Personalentwicklung bei der Entwicklung des Forschungszentrums: Ich denke, dabei stellen wir nur eine Randfigur dar. Die Kultur im Forschungszentrum ist stark wissenschaftlich und fachlich geprägt und insofern wird bei Umstrukturierungen nicht in erster Linie an Maßnahmen und Ansätze der Personalentwicklung im überfachlichen Sinne gedacht. Dies ist allerdings ein Prozess, der stattfindet und in dem sich auch einiges verändert.

Zu Ihrer zweiten Frage, da denke ich, dass wir uns doch eher als Dienstleister für das Forschungszentrum verstehen. Das heißt, wir machen Angebote und erarbeiten Konzepte, die vorher abgestimmt sind und versuchen, diese auch an den Mann und an die Frau zu bringen.

Personalentwicklung für Juniorprofessoren - Ein Beitrag zur individuellen Förderung und aktiven Hochschulentwicklung in der Universität Bremen[30]

Martin Mehrtens

1. Ziele und Erwartungen

Die Universität Bremen wird in den nächsten Jahren angesichts des insbesondere altersbedingten Ausscheidens von Professoren und der im Rahmen der Hochschulentwicklungsplanung sich neu konstituierenden Fachgebiete viele Neuberufungen durchführen. In diesem Zusammenhang soll die initiierte Hochschulentwicklung genutzt werden, um für neue Fachgebiete vermehrt die Juniorprofessur einzuführen. Von den geplanten 80 Neuberufungen (bei einer Gesamtzahl von künftig ca. 300 Professuren) der nächsten vier bis fünf Jahre sollen ca. 50% der Professuren als Juniorprofessuren ausgeschrieben und eingerichtet werden (Zielperspektive des Rektorats in Abstimmung mit dem Akademischen Senat).

Die Universität Bremen betreibt im Vergleich zu anderen Universitäten offensiv die Einrichtung und Besetzung von Juniorprofessuren. In 2002 wurde die erste Juniorprofessorin in der Universität Bremen berufen. Derzeit sind in der Universität Bremen 27 Juniorprofessorinnen und Juniorprofessoren berufen. Weitere Berufungsverfahren stehen kurz vor dem Abschluss. Vier Juniorprofessor/innen konnten bereits erfolgreich auf eine ordentliche Professur in der Universität berufen werden.

Neben der statusrechtlichen Gleichstellung gem. Bremer Hochschulgesetz soll die Juniorprofessur in der Universität Bremen ein aktiver Träger der Hochschulentwicklung sein. Sie soll über den Aufbau und die Entwicklung neuer Fachgebiete in Forschung und Lehre einen aktiven Beitrag zur Entwicklung und Profilierung der Universität Bremen leisten.

Angesichts dieser institutionellen Erwartungen verfolgt die Universität Bremen das Ziel, Juniorprofessuren möglichst mit der Perspektive auf eine unbefristete Professur auszuschreiben, um den Inhaber/innen eine reale Tenure-Track-Perspektive zu bieten und für die Universität jeweils perspektivisch angelegte Entwicklungen der Fachgebiete zu ermöglichen. Die Universität Bremen möchte mit den Juniorprofessuren, die berufen wurden und in den nächsten Jahren berufen werden, ihre Profilierung in Forschung und Lehre stärken.

---

[30] Wesentliche Ideen und Teile dieses Beitrags wurden bereits in der Zeitschrift „Das Hochschulwesen" 2/2004 veröffentlicht.

Bei aller statusrechtlichen Gleichstellung und Erwartungshaltung darf jedoch nicht übersehen werden, dass die Juniorprofessor/innen gleichfalls Nachwuchswissenschaftler/innen sind, die diese Phase gezielt zur eigenen wissenschaftlichen Weiterqualifikation nutzen sollen.

Christian Füller beschreibt die Situation der Juniorprofessur im duz Magazin 1/2004 als „akademischen Modellathleten", als „Fast Forward" Antwort auf die sehr zeitdauernden tradierten Wege wissenschaftlicher Qualifizierung. Eine Rolle, die zur Zeit „wenige Gewissheiten – viele Unklarheiten"[31] in der Rollenzuschreibung und in der Verortung in dem System Universität in sich birgt. Alle wollen die Juniorprofessur, aber viele wissen nicht so recht, wie sie diesen Wissenschaftlern begegnen wollen.

Christoph Ehrenberg, Leiter der Abteilung Hochschule, Weiterbildung, Bundesministerium für Bildung und Forschung, bemerkt treffend: „Bei der Juniorprofessur handelt es sich um eine völlig neue Personalkategorie, mit der weder die Universitätsverwaltung noch die Professorenschaft vertraut sind. Für die Juniorprofessoren bedeutet das, sich in ihrer Fakultät und der Universität zunächst einmal positionieren zu müssen, um als vollwertige Professoren anerkannt zu werden."[32]

Die Implementierung der Juniorprofessur ist auch in der Universität Bremen in diesem Spannungsfeld unterschiedlicher Interessen und Erwartungen angesiedelt. Das Vertrauen darauf, die Juniorprofessur möge sich im freien Spiel der Kräfte behaupten und sozusagen dauerhaft selbst implementieren, birgt erhebliche Risiken und verlagert möglicherweise die Verantwortung für die Einlösung der hochgesteckten Ziel- und Ergebniserwartungen einseitig auf die Juniorprofessur. Auf dieses Spannungsfeld versucht die Universität Bremen mit einer gezielten Personalentwicklung für Juniorprofessoren als Lösungsperspektive einzuwirken.

2. Organisations- und Hochschulentwicklung erfordert eine aktive und systematische Personalentwicklung

Die Personalentwicklung der Juniorprofessoren ist eingebettet in eine breit angelegte Organisations- und Personalentwicklung in der Universität Bremen. Bereits seit Mitte der neunziger Dekade ist in der Universität ein offensiver Prozess der Organisations- und Personalentwicklung initiiert, der nicht auf Teilbereiche begrenzt bleibt.

Von der Entwicklung eines Leitbildes der Universität ausgehend durchdringt und bewegt dieser Prozess, der in vielen Teilprojekten eine konkrete und praktische Gestaltung und Veränderung der Organisationsstrukturen und -prozesse in Forschung, Lehre, Transfer und Dienstleistung bewirkt, die gesamte Universität.

---

[31] Füller, Christian: Die missverstandene Reform. In: duzMagazin 01/2004, S. 10-12, hier S. 11.
[32] Ehrenberg, Christoph: Selbständigkeit motiviert. In: Forschung und Lehre, 3/2003, 118 - 119, hier S. 119.

Der hohe Veränderungsdruck, der mittlerweile alle Bereiche des öffentlichen Lebens erfasst, macht auch vor der Universität nicht Halt. Mit dem Begriff „Unternehmen Universität" begründete der Kanzler 1995 ein neues Selbstverständnis der Binnenorganisation in der Universität Bremen mit dem Ziel der Stärkung von Eigenverantwortung und Entscheidungskompetenz und mehr Servicequalität der Dienstleistungsprozesse in der Verwaltung der Universität. Dieser zunächst zuvorderst auf den Dienstleistungsbereich gerichtete Organisationsentwicklungsprozess ergriff die Universität. Die Leitbildentwicklung und ein breit angelegtes Kontraktmanagement mit Zielvereinbarungen auf allen Ebenen der Universität leiteten einen Prozess der kontinuierlichen Veränderung und Entwicklung, deren Zielperspektiven
- systematische Qualitätssicherung in Lehre und Forschung,
- gesellschaftliche Verantwortung und Praxisbezug,
- Interdisziplinarität,
- Internationalisierung von Forschung und Lehre,
- umweltgerechtes Handeln,
- Chancengleichheit der Geschlechter

Leitlinie des Handelns sind.

Die Grundprinzipien des Organisationsentwicklungsprozesses der Universität Bremen orientieren sich an den Vorstellungen der „lernenden Organisation". In der Konzeption der „lernenden Organisation" wird von der Annahme ausgegangen, dass nicht nur Individuen als Mitglieder von Organisationen, sondern komplexe Organisationen, zumindest Teile von Organisationen lernen können. Ziel ist, kreativ, schnell und effizient auf neue äußere Anforderungen reagieren zu können und selbst initiativ zu werden.

Die Organisationsentwicklung in der Universität Bremen setzt hierbei nicht formal an Strukturen an, sondern stellt den Menschen als aktiv handelndes Subjekt in den Mittelpunkt der Veränderung und Gestaltung. Ausgehend von der Erwartung, dass erfolgreiche Entwicklungsprozesse durch die Fähigkeit geprägt sind, die Dinge auf neue Art zu sehen, ein neues Verständnis zu erlangen und neue Verhaltensmuster zu erzeugen, wird in Bremen versucht, die tradierten Strukturen einer „individuumszentrierten Universitätskultur" zu verändern und die Universität insgesamt zu reformieren.

Dieses „Lernen" ist jedoch nur durch die Aneignung neuer Erkenntnisse, neuen Know-hows, neuer Verfahren und neuer Praktiken möglich. In diesem Zusammenhang kommt auch der Personalentwicklung für Juniorprofessoren eine zentrale Bedeutung im Prozess der Organisations- und Hochschulentwicklung zu.

Aufbauend auf universitären Kompetenzen in der praktischen Qualitätssicherung und Evaluation im Bereich der universitären Forschungs- und Nachwuchsförderung sowie in der Lehrevaluation und initiiert durch zunehmende Managementanforderungen an Wissenschaftler im Rahmen des universitären Kontraktmanagements kommt den Handlungsträgern auf alle Ebenen der Universität eine aktive Rolle zu. Sie müssen sich positionieren, müssen Ziele entwickeln, strategisch handeln, entscheiden und letztlich auch Verantwortung für Aufgaben, sich selbst und auch für Arbeitsbereiche übernehmen. Hiermit sind hohe Anforderungen definiert, die letztlich nicht per se ohne Unterstützung und Förderung erfüllt werden können. Erschwert wird dieser Lernprozess durch einen tradierten Wertekanon der Wissenschaft, der individuelle Forschungsleistungen deutlich priorisiert und Leistungen für das Gesamtsystem Universität nur bedingt honoriert.

Die tatsächlichen Veränderungen und Entwicklungen in der Universität benötigen – so zeigen empirische Erfahrungen der letzten zehn Jahre in der Universität Bremen und auch in anderen Universitäten – hochgradig flankierende Personalentwicklungsmaßnahmen, um Werte und Verhaltensmuster zu verändern und so etwas wie institutionelle Verantwortung zu begründen.

Mit einer systematischen, an Organisationsentwicklungsprozessen ausgerichteten Personalentwicklung für wissenschaftsstützende Mitarbeiterinnen und Mitarbeiter der Universität Bremen sind in diesem Zusammenhang ausgesprochen positive Erfahrungen zur Förderung von Organisationsreformen und einer nachhaltigen Initiierung von Entwicklungsprozessen gemacht worden. Dies veranlasst uns in der Universität Bremen, den Prozess der Universitätsreformen gezielt über Personalentwicklung im Wissenschaftsbereich zu fördern.

3. Juniorprofessur - Rollenfindung im Spagat zwischen eigener Qualifizierung und Hochschulentwicklung

Die Entwicklung neuer Fach-, Lehr- und Forschungsprofile in der Universität Bremen wie auch die Reformierung tradierter Strukturen und Prozesse des Systems Universität erfordern die Bereitschaft, über den eigenen Arbeitsbereich hinausgehend einen Beitrag für die Innovation der Universität zu leisten. Aktive Träger dieser Prozesse sollten die Wissenschaftlerinnen und Wissenschaftler sein, im Besonderen – weil mit herausgehobener Handlungs- und Entscheidungskompetenz ausgestattet – die professoralen Mitglieder der Universität. Sie sind es, die Ziele definieren, Profile entwickeln und Prozesse und Strukturen aktiv mit Entscheidungskompetenz gestalten.

In diesem Zusammenhang kommt den jeweils neu berufenen Mitgliedern der Universität eine große Bedeutung zu. Sie sind Träger neuer Ideen und Impulsgeber für Veränderung, sie sollen kreativ und innovativ Forschung und Lehre gestalten und erfolgreich prägen, kurzum, sie sind Hoffnungsträger der Entwicklung und Veränderung von Forschungspotenzialen und Lehrprofilen aber auch als Nachfrager Initiatoren einer neuen Profilierung und Positionierung wissenschaftsstützender Dienste.

Juniorprofessoren sind diesbezüglich mit einem doppelten Erwartungspotenzial belegt. Einerseits sollen sie ein Fachgebiet aufbauen, entwickeln, profilieren und sich als statusrechtlich gleichgestellte/r Professor/in aktiv in die Akademischen Selbstverwaltung einbringen, andererseits definieren die sechs Jahre der Juniorprofessur eine wissenschaftliche Entwicklungsphase, die erfolgreich in eine ordentliche Professur münden soll. Diese Entwicklung muss mit einer erfolgreichen, innovativen und didaktisch hochwertigen Lehre, Forschungs- resp. Drittmittelerfolgen sowie Veröffentlichungen einhergehen, um letztlich positiv evaluiert zu werden und die Chance auf eine ordentliche Professur zu erwerben. Der/die Juniorprofessor/in versucht den Spagat, einerseits sich zu qualifizieren und andererseits als vollwertiges professorales Mitglied der Universität Motor der Wissenschaftsentwicklung und Organisationsreform in der Universität zu sein. Diese besondere, mit ausgeprägten Zielkonflikten geprägte Rolle begründet ein hohes Maß an Verantwortung, dass die Universität ihren Juniorprofessorinnen und Juniorprofessoren entgegenbringen muss. Sie sollten nicht die „preiswerte" Berufung auf eine Professur sein, sondern in ihren Potenzialen gewürdigt und als Perspektivträger der Universität angenommen und unterstützt werden.

4. Förderung durch eine systematische Personalentwicklung

In der Universität Bremen haben das Annehmen dieser Verantwortung, aber auch umfangreiche Erkenntnisse und Erfahrungen aus einem langjährigen Organisationsentwicklungsprozess und einer damit einhergehenden breit angelegten Personalentwicklung in vielen Bereichen und mit unterschiedlichen Zielgruppen dazu geführt, eine systematische Personalentwicklung für Juniorprofessoren zu konzipieren und zu initiieren. Die Personalentwicklung der Juniorprofessorinnen und Juniorprofessoren soll flankierend den Qualifizierungsprozess und die Kompetenzentwicklung in dieser ersten professoralen Berufsphase unterstützen . Sie ist aber ebenso aktiver Baustein eines integrierten Veränderungs- und Reformprozesses in der Universität Bremen, der neue Anforderungen stellt und erweiterte Kompetenzen bei den Wissenschaftler/innen notwendig macht.

Die im Rahmen der Organisationsentwicklung in der Universität Bremen eingeleitete Dezentralisierung und die Verlagerung von Entscheidungsbefugnissen und Verantwortung hat zu einer deutlichen Akzentverschiebung in den benötigten beruflichen Qualifikationsmustern von Professor/innen bzw. leitenden Wissenschaftler/innen geführt. Leitungs-, Führungs- und Koordinierungskompetenzen, sogenannte „außerfachliche Qualifikationen", die die fachwissenschaftliche und didaktische Kompetenz künftig komplettieren, werden zu notwendigen Qualifikationen für eine erfolgreiche wissenschaftliche Karriere in der Universität.

Zu diesen „Managementfähigkeiten" in der Wissenschaft gehören vor allem souveräne Personalführung, „Organisationstalent", diplomatisches Geschick, Bereitschaft zum Verantworten von Entscheidungen und das Setzen von Prioritäten und nicht zuletzt das Umgehen mit Konflikten etc. Notwendig sind weiter Fähigkeiten zum Projekt- und Zeitmanagement, des freundlich und bestimmten Anleitens von Mitarbeiter/innen und (nicht zu vergessen) des gekonnten Moderierens von Sitzungen.

Hiermit sind auch Anforderungen an eine Juniorprofessorin und an einen Juniorprofessor definiert. Deren bisherige Personalentwicklung und Sozialisation hat den vorgenannten Aspekten meist nur am Rande und eher zufällig Beachtung geschenkt. Im Vordergrund stand und steht meist ausschließlich die fachwissenschaftliche Kompetenz(-entwicklung), die zudem dominierend den Aspekt Forschung in den Vordergrund stellt. Der Lehrqualifikation und hochschuldidaktischen Kompetenzen wird darüber hinaus zunehmend mehr Bedeutung in der Berufungsentscheidung eingeräumt.

Dieser Akzentverschiebung in den professoralen Kompetenzprofilen versucht die Universität Bremen durch eine Neuprofilierung der Berufungsverfahren gerecht zu werden. In der Universität Bremen werden seit 2003 Berufungsverfahren durch ein Assessment-Center zur Begutachtung sogenannter „außerfachlicher Qualifikationen", wie etwa Arbeitsverhalten, Leistungsmotivation, Führungsmotivation und -kompetenz sowie Team- und Kooperationsfähigkeit ergänzt.[33]

Die neuen Anforderungen an Wissenschaftler/innen nimmt die Personalentwicklung für Juniorprofessor/innen in der Universität Bremen gezielt auf, ohne jedoch ein klassisches Managementtraining für Wissenschaftler zu sein.

Dieser Weg der gezielten Entwicklung von Organisations- und Leitungskompetenz für Wissenschaftler/innen, der im Bereich der Führungskräfteentwicklung in Wirtschaft und Verwaltung heute nichts ungewöhnliches mehr darstellt, angewendet auf Juniorprofessor/innen, ist neu. Erste Erfahrungen mit Qualifizierungsmaßnahmen für Dekane in der Universität Bremen machen Mut. Sie zeigen, dass ein hoher Bedarf an Information, Vernetzung und der Entwicklung sogenannter „außerfachlicher Qualifikationen" besteht. Wenn auch nicht alle Erfahrungen übertragbar sind, bestätigte das erste Gespräch mit den Juniorprofessoren im März 2003 sehr deutlich, dass eine Förderung durch Beratung, Vernetzung, Fortbildung und Information im Hinblick auf die im Eingang erwähnte Positionierung sinnvoll und gewünscht ist.

Das Ziel der Juniorprofessor/innen, sich in den sechs Jahren für eine Lebenszeitprofessur zu qualifizieren, steht absolut im Vordergrund. Und somit haben Fragen der Gestaltung und Vorbereitung auf die (Zwischen-)Evaluation und ein künftiges Berufungsverfahren, die in Bremen durch Assessment-Center (AC) flankiert werden, einen hohen Stellenwert.

Neben diesem dominierenden Ziel erfordern insbesondere die professorale Rolle und damit einhergehenden Anforderungen wie auch der gewünschte aktive Part in der Entwicklung des jeweiligen Fachgebietes:

- eine Kompetenzentwicklung, die neben der fachwissenschaftlichen Kompetenz auch die für eine erfolgreiche Wissenschaftskarriere notwendigen Fähigkeiten der Organisation, Vernetzung und Personalführung fördert;
- eine Förderung der interdisziplinären Vernetzung der Juniorprofessor/innen;
- die Bereitstellung von Möglichkeiten und Räumen für Kreativität, Ideen, Anregungen, Erfahrungsaustausch, Informationen und Feedback zu eigenen Sicht- und Handlungsweisen;
- eine Unterstützung im Umgang mit tradierten Strukturen im Wissenschaftsbetrieb und Konkurrenz mit „Alteingesessenen" im eigenen Hause;
- die Entwicklung neuer Strategien zum Umgang mit Konflikten;

---

[33] Vgl. auch Schmidt, Marion: Kienbaum. In: duzMagazin 18/2003, S. 12 – 13.

- die Förderung neuer (interdisziplinärer) Kooperations- und Führungsmodelle im Wissenschaftsbereich;
- eine Vorbereitung auf Reformprozesse in der Universität Bremen und den damit einhergehenden neuen und erweiterten Anforderungen an Professorinnen und Professoren;
- letztlich aber auch die Klärung dienstrechtlicher Fragen und die Information über geltende Strukturen, Rechtsrahmen, Infrastrukturen, Dienste und Dienstleistungsprozesse in der Universität Bremen.

Mit der Personalentwicklung für Juniorprofessoren wird in der Universität Bremen „Neuland" betreten. Es ist ein erster Versuch, der mit ersten Maßnahmen im Herbst 2003 begonnen hat. Die folgend skizzierten Maßnahmen sind gemeinsam mit den Juniorprofessoren in der Universität Bremen entwickelt und abgestimmt worden. Sie reflektieren die aktuelle und konkrete Bedarfslage der Juniorprofessor/innen in der Universität Bremen. Hierbei ist zu beachten, dass es in Bremen (wie auch andernorts) bislang ausschließlich erste Erfahrungen mit der Juniorprofessur gibt, die wie andernorts auch durch ein Herantasten, gemeinsames Erproben und das Sammeln neuer Erfahrungen geprägt sind.

5. Personalentwicklungsprogramm für Juniorprofessor/innen

Die Personalentwicklungsmaßnahme zielt auf die Entwicklung von Wissenschaftsmanagementkompetenzen und auf die individuelle und systematische Förderung der Juniorprofessorinnen und Juniorprofessoren mit dem Ziel einer erfolgreichen Evaluation und damit die Eröffnung der Chance auf eine Lebenszeitprofessur.

Das Personalentwicklungsprogramm arbeitet mit
- Workshops zur Bilanzierung der eigenen Situation, Zielfindung und Vernetzung. Hierbei stehen zunächst Fragen zur eigenen Positionierung in der Universität wie:
    - Was brauchen wir, um erfolgreich arbeiten zu können, was behindert uns ggf. zur Zeit?
    - Welche Bedingungen unserer Tätigkeit können wir beeinflussen, wofür können wir selbst sorgen?
    - Wofür brauchen wir dritte Personen. Wer oder was könnte uns behilflich sein bzw. sollte als Ansprechpartner zur Verfügung stehen?
    - Welche konkrete zusätzliche Information und Unterstützung benötigen wir?

  im Vordergrund.
- Seminaren mit Workshopcharakter zu spezifischen Themen mit dem Ziel der Kompetenzentwicklung im Bereich der außerfachlichen Qualifikationen. In diesem Zusammenhang sind zunächst folgende Themen priorisiert worden:
    - Kommunikation/Information

- Zeit- und Selbstmanagement
- Konfliktmanagement
- Führung
- Projektmanagement
- Präsentieren/Vortragstechnik
- Führen von Teams.

- Informationswerkstätten, in denen Universitätsprozesse der Planung, Organisation und Umsetzung sowie wissenschaftsstützende Dienste erläutert und reflektiert sowie sinnvolle und notwendige Veränderungspotenziale gemeinsam mit den Prozessträgern erarbeitet werden.
- Impulsveranstaltungen, die auf Initiative der Teilnehmer/innen in Abstimmung mit der zentralen Personalentwicklung organisiert werden. Die Themen werden aktuell in Abstimmung mit den Juniorprofessor/innen ausgewählt. Hierzu werden Referenten oder Referentinnen aus Wissenschaft, Wirtschaft, Non-Profit-Organisationen, Politik und Verwaltung eingeladen, die Außensichten und Anregungen – also Impulse – in die Universität einbringen. Die Impulsveranstaltungen unterstützen den Zweck, über die Dauer des Programms ein Netzwerk zu initiieren und wachsen zu lassen.
- Regelmäßige Gesprächsrunden mit dem Rektorat,

und

- Coaching zur individuellen Förderung der Juniorprofessor/innen. Coachingsitzungen werden jeweils auf der Grundlage einer Personalentwicklungsberatung auf Initiative der jeweiligen Juniorprofessorin oder des Juniorprofessors verabredet. Alle Teilnehmer/innen haben über die Dauer des Programms die Möglichkeit, sich in ca. drei Terminen coachen zu lassen. Ziele und Ausrichtung werden individuell abgestimmt.

Mit dem Coach sollen
- neue Sichtweisen gewonnen,
- Denkanstöße und Feedback entwickelt,
- Stärken und Ressourcen bewusst gemacht und aktiviert,
- Lösungswege entwickelt

werden.

Darüber hinaus haben die Rektoratsmitglieder (Rektor, drei Konrektoren und Kanzler) für die Juniorprofessor/innen eine beratende Betreuungsfunktion übernommen. Sie sind Ansprechpartner, um zu beraten sowie Orientierungs- und Integrationshilfen zu geben.

Insbesondere diese ersten Gehversuche eines Mentorings sollen in der Weiterentwicklung des Personalentwicklungsprogramms aufgenommen und intensiviert werden, weil seitens der Juniorprofessor/innen diesbezüglich deutliche Bedarfe hinsichtlich einer Mentorenbegleitung und Orientierungsunterstützung bestehen, wie Rückmeldungen aus dem ersten Auftakt- und Bilanzworkshop belegen.

Interessant ist in diesem Zusammenhang sicherlich die Aktivierung und die Entwicklung von Mentoren aus unterschiedlichen Fachbereichen der Universität.

Ziel sollte sein, dass Juniorprofessor/innen von professoralen Mentoren aus einem jeweils anderen Fachbereich begleitet werden.

Dieser Anspruch ist sicher eine große Herausforderung für die Universität und ohne einen Wandel der tradierten individuumszentrierten Wissenschaftskultur kaum einzulösen.

Das Personalentwicklungsprogramm für Juniorprofessor/innen ist als flexibles, bedarfsorientiertes Förderprogramm entwickelt. Die Teilnehmer/innen können neben den für alle verbindlichen Bilanz- und Vernetzungsworkshops interessengeleitet und bedarfsorientiert inhaltliche Schwerpunkte bilden.

Die einzelnen Maßnahmen sind in der Universität Bremen in enger Abstimmung mit den Juniorprofessoren entwickelt worden. Sie nehmen Bezug auf die besondere Situation der Juniorprofessor/innen und deren Unterstützungswünsche und Förderinteressen. Sie sollen darüber hinaus einen Beitrag zur Vernetzung leisten. Die Maßnahmen thematisieren Unterstützungsbedarfe im Bereich der Information über Strukturen und relevante Organisationsprozesse der Universität. Sie sollen Orientierungshilfen geben und Handlungskompetenz entwickeln und einen aktiven Beitrag zur Vernetzung der jungen Wissenschaftler/innen leisten sowie individuelle Förderung und Entwicklung ermöglichen.

6. Erste Erfahrungen

Die Entwicklung und Abstimmung des Personalentwicklungsprogramms sowie erste Ergebnisse des Auftaktworkshops zeigen, dass diese Maßnahmen von den Juniorprofessor/innen offensiv angenommen werden. Sie sind Impuls für weitere Aktivitäten der Positionierung und Vernetzung bei den Juniorprofessor/innen der Universität Bremen.

Mit der Personalentwicklung ist ein Forum geschaffen worden, ein Raum für Information und Austausch, für Reflektion der eigenen Situation und auch für eine inhaltliche Interessenvertretung und Vernetzung außerhalb der bestehenden Organisations- und Gremienstrukturen.

Bereits in dem ersten Bilanzworkshop sind seitens der Teilnehmer/innen Aktivitäten der Vernetzung initiiert und eine Bündelung und Ausrichtung der Interessen erfolgt.

Wünsche, Verbesserungsvorschläge und auch (individuelle) Defiziterfahrungen wurden mit Mitgliedern der Universitätsleitung diskutiert. Es wurden erste Verabredungen getroffen, die nunmehr umgesetzt werden. Gewünscht wird eine stärkere Orientierungshilfe durch Ansprechpartner aus Wissenschaft und Verwaltung mit Mentorenfunktion. Weiter werden mehr Transparenz und Klarheit hinsichtlich der Anforderungen und Prozesse der Evaluation und eine gezielte Vorbereitung auf künftige Berufungsverfahren erwartet.

Die Juniorprofessor/innen haben Sprecher gewählt und in kurzer Zeit eine eigene Internetplattform für die eigene Information und Kommunikation aufgebaut.

Mit diesen ersten Maßnahmen konnten ein „Wir-Gefühl" entwickelt und eine fachbereichsübergreifende Vernetzung der Juniorprofessor/innen initiiert werden.

Der nunmehr eingeleitete Austausch von Informationen, Erfahrungen und Interessen trägt weiter zur klaren Positionierung hinsichtlich benötigter Unterstützungs- und Förderbedarfe bei und ist Grundlage einer bedarfsgerechten Personalentwicklung.

Diese ersten Maßnahmen haben Bewegung in die Universität gebracht. Die Universität Bremen hat ihre Juniorprofessor/innen angenommen. Es ist sicherlich noch zu früh, um ein Resümee zu ziehen. Die bereits erkennbaren Entwicklungen machen jedoch Mut und lassen in den nächsten Jahren interessante und wichtige Erfahrungen und Erkenntnisse mit einer gezielten Personalentwicklung der Juniorprofessor/innen erwarten.

Chancen und Grenzen der Personalentwicklung für Junior-ProfessorInnen

Michael Hülsmann

Ziel der folgenden Ausführungen ist es, Chancen, Perspektiven und Potenziale aufzuzeigen, die sich für die Personalentwicklung von Junior-ProfessorInnen aus Sicht der Betroffenen ergeben. Dabei soll gleichfalls eine Sensibilisierung für die Risiken, Grenzen und Barrieren geleistet werden, denen sich eine systematische Personalentwicklung für diese Kategorie von NachwuchswissenschaftlerInnen gegenüber sieht. Hierzu werden zunächst einige Herausforderungen skizziert, die mit der Qualifizierung von Junior-ProfessorInnen verbunden sind. Diese dienen als Bezugsbasis, um ein Anforderungsprofil entwickeln zu können, dem sich die Personalentwicklung zu stellen hat und aus dem deutlich wird, welche Unterstützungsbedarfe bei der Qualifizierung von NachwuchswissenschaftlerInnen bestehen. Darauf aufbauend sollen exemplarische Ansatzpunkte für die Entwicklung von Konzepten der Personalentwicklung für Junior-ProfessorInnen benannt werden. Deren Chancen und Risiken werden im Anschluss beispielhaft aufgezeigt, um schließlich ausgewählte, zentrale Entwicklungsperspektiven für die Personalentwicklung für Junior-ProfessorInnen erörtern zu können.

1. Herausforderungen

Die Qualifizierung von Junior-ProfessorInnen bewegt sich in einem pluridimensionalen Anforderungsraum. Zunächst einmal sind da die unterschiedlichen Rollenkategorien, die von den NachwuchswissenschaftlerInnen auszufüllen sind: Sie sollen exzellente ForscherInnen sein und sich zugleich kunden- bzw. studentenorientiert in der Lehre ausweisen; sie sollen ein Team aus wissenschaftlichen MitarbeiterInnen, studentischen Hilfskräften und sonstigen MitarbeiterInnen führen, ausbilden und verwalten; sie sollen kooperativ und kollegial sich in die Hochschullehrerschaft der Fakultät, der Universität, der Scientific Community integrieren; sie sollen durch wissenschaftliche Beratungsleistungen den Transfer zwischen Theorie und Praxis bereichern; nicht zuletzt sollen sie sich in der akademischen Selbstverwaltung und damit in der Entwicklung der Universität engagieren. Ein Rollenspektrum, das ungleich vielfältiger und umfassender angelegt ist als das des klassischen Habilitanden – das aber auch zugleich mit einer größeren Nähe zum Rollengefüge von C3/C4-HochschullehrerInnen einen realitätsnäheren Qualifizierungsrahmen bietet.

Neben der Rollenvielfalt bestimmt sich das Anforderungsprofil durch die Kompetenzfelder und Kompetenzarten, die für die einzelnen Rollen zu entwickeln sind. Unter Kompetenzfeldern sind hier die Kategorien fachlich-inhaltlicher, fachlich-methodischer und sozio-kultureller Kompetenz gefasst. Mit Kompetenzarten seien hier hingegen kognitive, affektive, konative und reflexive Kompetenzen gemeint.

Das Konzept der Junior-Professur, mit dem der zuvor skizzierte Anforderungsraum mit Inhalten und Kompetenz gefüllt werden soll, basiert auf einer Aufgaben-Dualität: Die Qualifizierung als NachwuchswissenschaftlerIn und die Führung eines eigenen Fachgebiets sind bewusst parallelisiert, um eine realitätsnahe, alle Rollenkategorien und Anforderungsdimensionen umfassende Ausbildung zu ermöglichen, die durch frühzeitige Eigenverantwortung selbst entwickelt, profiliert und motiviert werden kann. Die Crux, die jedoch hiermit verbunden ist, rührt aus einem diffusen, individuell und situativ definierten Erfolgsbegriff. Immer noch ist vollkommen unklar, woran der Qualifizierungserfolg von Junior-ProfessorInnen – auch im Vergleich zu Habilitanden – gemessen werden soll. Wann ist eine solche Nachwuchswissenschaftlerin, ein solcher Nachwuchswissenschaftler erfolgreich?

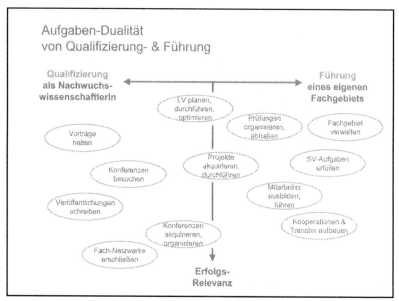

Wann sind sie bzw. er geeignet für den Ruf auf eine W2- bzw. W3-Position? Die fehlende Konkretisierung des Erfolges, seiner Kriterien, seiner Mess- und Steuerungsgrößen führt dazu, dass das zuvor aufgespannte Anforderungsprofil nicht mit Soll-Größen inhaltlicher Ausprägung gefüllt werden kann – schon gar nicht im Bereich fachindifferenter Kompetenzkategorien. Infolge existiert kein objektiver Vergleichsmaßstab, der eine intersubjektiv nachvollziehbare Beurteilung und Gegenüberstellung der unterschiedlichen Leistungen von Junior-

ProfessorInnen (auch in Komparation mit Teilnehmern aus anderen Qualifizierungsverfahren) erlaubt. Zum anderen mangelt es deshalb an einem extern definierten Orientierungspunkt für die (eigenverantwortlich betriebene) Qualifizierung, der es ermöglicht, die Aufgaben und ihre Erfüllung hinsichtlich ihrer Erfolgsrelevanz kritisch zu reflektieren und zu bewerten. Mit diesem Mangel stellt sich automatisch das Problem ein, dass eine zielgerichtete, strukturierte Entwicklung eines zukunftsfähigen, anforderungsgerechten Kompetenzprofils nicht möglich ist. Die Versuche, sich für eine W2/W3-Stelle zu qualifizieren, bleiben in einem Orientierungsvakuum – und nur ex post werden sich emergente Strategien als vermeintlich erfolgreich bewerten lassen; die Ableitung generischer Strategien für die Qualifizierung von Junior-ProfessorInnen ist jedenfalls so nicht möglich. Infolge lassen sich auch keine entsprechenden Handlungsempfehlungen für die Personalentwicklung ex ante deduzieren.

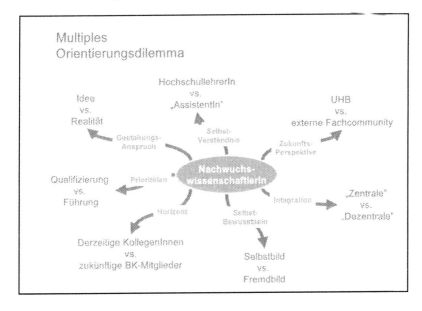

Die Aufgaben-Dualität verbunden mit einem diffusen Erfolgsbegriff hat für die Junior-ProfessorInnen konkrete Probleme im Alltag von Qualifizierung und Fachgebietsleitung zur Folge. So kommt es zu divergierenden Prioritäten in den Zielsetzungen und Tätigkeiten. »Was ist mir wichtiger: Lehre oder Forschung?« Damit eng verbunden ist der konkurrierende Einsatz eigener und fremder Ressourcen. »Investiere ich meine Zeit in einen Aufsatz oder versuche ich stattdessen lieber ein Forschungsprojekt zu akquirieren?« Beide – divergierende Prioritäten, konkurrierender Ressourceneinsatz – führen zur Frage der Abwägung, für die jedoch mangels definierter Erfolgsmaßstäbe die Bemessungsgrundlage fehlt. Mit der Rollenvielfalt sind zugleich signifikante Unterschiedlichkeiten in den Arbeitserfordernissen und in den Zeithorizonten verbunden, so dass im Ergebnis Zielsetzungen und Aufgaben der NachwuchswissenschaftlerInnen von einer gewissen Hybridität und Widersprüchlichkeit gekennzeichnet sind, die Effizienz- und Qualitätsverluste auf beiden Seiten – der Qualifizierungsseite sowie der Führungsseite – mit sich bringen. Eine Bewältigung dieses Rollen- und Kompetenzdilemmas wäre nur durch eine klare Akzentuierung im Anforderungsprofil von Junior-ProfessorInnen möglich. Diese bedürfte eines externen Orientierungs- und Bezugspunktes, wenn sie nicht ihre Erfolgsrelevanz verlieren will. Und der Erfolg ist extern festgelegt, da er letztlich und ausschließlich in einer Berufung auf eine W2/W3-Professur besteht, die auf einer Bewertung der Performance der NachwuchswissenschaftlerInnen durch Dritte basiert. Da jedoch zwischen den verschiedenen Anspruchsgruppen und ihren divergierenden Interessen und Bewertungsmustern substanzielle Differenzen bestehen, kann der notwendige, verlässliche Bezugspunkt eines genauen Erfolgskriteriums nicht geschaffen werden. Nur eines ist für die Betroffenen klar: Mag es auch u.U. berufliche Alternativen innerhalb und außerhalb des akademischen Zirkels geben, wenn die Berufung auf eine W2/W3-Stelle ausbleibt, sind sie jedoch nur funktionale Lösungen zur Existenzsicherung, die nicht Ausdruck eines erfolgreich angestrebten und realisierten Selbstverwirklichungsversuches sein können. Sondern nur second best choices – Stigmata verfehlter akademischer Ziele und Erwartungen. Infolge ist die Unsicherheit über die Zukunftsperspektiven von Junior-ProfessorInnen hoch – ggf. ungleich höher als etwa bei Habilitanden, da diese mit einer geringeren Gestaltungskomplexität zu kämpfen haben (so sind z.B. weniger Rollenkategorien zu erfüllen) und da sie zugleich im Idealfalle eine Orientierung und Vernetzung durch ihre institutionelle und persönliche Einbindung in einen Lehrstuhl angeboten bekommen.

Somit bedürfen die Junior-ProfessorInnen einer Unterstützung bei der Orientierung in ihrer Rollenfindung und in ihren Qualifizierungsbemühungen. Die Orientierungsnotwendigkeit beginnt beim Selbstverständnis (»Bin ich HochschullehrerIn oder eine bessere Form von AssistentIn«). Sie bezieht sich auf den Gestaltungsanspruch (»Folge ich meiner Idee oder passe ich mich den Realitäten an?«) und Prioritäten (»Qualifizierung vs. Führung«), auf den sozialräumlichen und zeitlichen Horizont (»Wer ist mir wichtiger: derzeitige KollegInnen in Bremen vs. zukünftige Mitglieder einer Berufungskommission anderswo?«) sowie das eigene Selbstbewusstsein (»Selbstbild vs. Fremdbild«). Nicht zuletzt umfasst sie den Integrationsaspekt (»Zentrale vs. Dezentrale«) und die vermeintliche Zukunftsperspektive (»Bremen vs. externer Fachcommunity«). Folglich ist es eine zentrale Aufgabe der Personalentwicklung für Junior-ProfessorInnen bei diesen Orientierungsfragen, die jeder Betroffene für sich individuell und mit reflexivem Rekurs auf seinen eigenen situativen Kontext beantworten muss, Support zu leisten. Hierzu sind prozessuale und strukturelle Angebote erforderlich, die es erlauben, das die NachwuchswissenschaftlerInnen sich Bezugspunkte, Reflexionen und hierfür notwendige Kompetenzen systematisch, aber eigenständig erschließen bzw. entwickeln können.

2. Ansatzpunkte

Gegenstand der folgenden Überlegungen ist weniger die inhaltliche Ausgestaltung einer Personalentwicklung für Junior-ProfessorInnen als vielmehr die Frage nach möglichen Ansatzpunkten und Gestaltungsoptionen.

Zunächst ist zu diskutieren, auf welcher Ebene die Personalentwicklung ansetzen soll. Auf der Ebene des Individuums, der Gruppe der Junior-ProfessorInnen oder auf der Ebene der Institution Hochschullehrerschaft bzw. Universität Bremen? Nun, sicherlich ist ein Mix an Personalentwicklungsinstrumenten erforderlich, der auf allen drei Ebenen ansetzt. Denn nur eine korrespondierende Entwicklung von Institution (Organisationsentwicklung sei hier als ergänzendes Stichwort genannt), Gruppenidentität bzw. -kohäsion und individuellen Kompetenzen ermöglichen einen konzertierten und effizienten Aufbau personeller Potenziale. Hier sei jedoch ein starker Akzent auf die individuelle Personalentwicklung gelegt. Dafür sprechen zwei Gründe: Zum einen muss sich die einzelne Nachwuchswissenschaftlerin bzw. Nachwuchswissenschaftler als Individuum am akademischen Markt beweisen – und nur eine Nachfrage von außen in Form eines reputierlichen Rufs, der an die einzelne Wissenschaftlerpersönlichkeit ausgesprochen wird, wäre hierfür ein verlässlicher Indikator. Hierbei spielt – insbesondere auch im Vergleich zu Habilitanden – weniger die institutionelle und soziale Verankerung von Junior-ProfessorInnen an der Universität Bremen eine herausragende Rolle, sondern vielmehr das persönliche Profil. Zum anderen ist das Orientierungsdilemma vor allem auf der Seite der NachwuchswissenschaftlerInnen anzutreffen – auch wenn es wegen der Neuartigkeit der Personalkategorie der Junior-Professur auch auf anderen Seiten Unsicherheiten im Umgang gibt. Dieses Orientierungsdilemma ist jedoch zum einen stark persönlich geprägt (etwa hinsichtlich des Selbstverständnisses und des Selbstbewusstseins) und zum anderen situativ (so wird beispielsweise der fachcommunityspezifische Einfluss recht unterschiedlich ausfallen). Beides Gründe, die für eine Betonung der individuellen Komponente der Personalentwicklung sprechen.

Des Weiteren wirft sich die Frage hinsichtlich der Rollensegmente auf, ob eine selektive oder eine umfassende Begleitung der Qualifikation von Junior-ProfessorInnen durch eine systematisch Personalentwicklung sinnvoll und machbar ist. Wegen der spezifischen und individuellen Determinanten in der Qualifizierung von Nachwuchswissenschaftlern wird aufgrund der damit verbundenen Vielfalt in den Anforderungsprofilen eine umfassende Personalentwicklung, die alle Rollenkategorien zukünftiger Hochschullehrer in allen Kompetenzfeldern hinsichtlich aller Kompetenzarten abdeckt, nicht möglich sein. Hier bietet es sich an, einen selektiven Ansatz zu wählen, der vor allem nach Wichtigkeit die Rollenaspekte priorisiert und auf standardisierbare Beitragsmöglichkeiten der Personalentwicklung fokussiert. Dabei scheint sich insbesondere das nicht disziplinenspezifische Feld anzubieten, bei dem es um generelle Kompetenzen etwa der Hochschuldidaktik, des Projektakquise oder des Selbstmanagements geht. Hinsichtlich des Kompetenzspektrums wurde die Frage möglicher Soll-Profile bereits zuvor diskutiert. Da keine übergeordneten, individuell- und kontextindifferenten Erfolgsvorstellungen existieren, können eigentlich keine generischen Soll-Profile erarbeitet werden, die der Personalentwicklung als Zielfunktionen dienen könnten. Vielmehr scheint es hier – jenseits fachlich-disziplinärer Vorstellungen – auf generelle, abstrakte Kompetenzerwartungskorridore hinauszulaufen, die sich aufgrund der Erfahrungen im Umgang mit den ersten Generationen der Junior-ProfessorInnen herausbilden werden. Hinsichtlich der Entwicklung von Soll-Profilen wird deshalb voraussichtlich auf emergente Strategien zu setzen sein.

Im Zuge dieser Entwicklungen und der daraus hervorgehenden Erfahrungen werden auch Selbstverständnis und Anspruch der Personalentwicklung zu reflektieren sein. Will die Personalentwicklung den Junior-ProfessorInnen nur »technischen« Support bieten, indem sie Maßnahmen organisiert und abwickelt. Oder soll die Personalentwicklung Orientierungshilfe leisten, indem sie auch für Kompetenzentwicklungsnotwendigkeiten sensibilisiert und mögliche Optionen aufzeigt bzw. anbietet? Oder versteht sich die Personalentwicklung gar als eine Art »aktives Persönlichkeits- und Mitarbeiterdesign«, indem Maßnahmen für die Nachwuchswissenschaftler obligatorisch werden, weil bestimmte Kompetenzen als zwingend erforderlich erachtet werden? Ersteres wäre sicherlich zu wenig, denn für viele Rollenanforderungen und ihre Erkenntnis ist der Betroffene am Anfang seiner Karriere noch gar nicht vorbereitet und er bedarf der Hilfestellung, diese Qualifizierungsbedarfe (etwa im Bereich Wissenschaftsmanagement) zu erkennen. Letzteres ist sicherlich zu hoch gegriffen, denn es würde zum einen das Autonomieverständnis von WissenschaftlerInnen ignorieren und hätte eine Idealvorstellung vor Augen, die es – wie zuvor ausgeführt – in dieser Form kaum geben kann. Deshalb müssen Anspruch und Selbstverständnis der Personalentwicklung für Junior-ProfessorInnen auf die Orientierungshilfe fokussieren. Dabei sollte die Personalentwicklung als Berater und Intermediär agieren. Würde sie als Anbieter von eigenen Personalentwicklungsmaßnahmen auftreten, besteht sofort das Vertrauens- und Glaubwürdigkeitsproblem. Eine hinreichende Distanz wäre über die institutionelle Verbundenheit nicht gegeben; die Maßnahme würde immer auch mit Blick auf Kontrolle und institutionelle Notwendigkeiten von den Teilnehmern gewertet werden. Eine Akzentuierung der Personalentwicklung als Problemlöser sähe sich ähnlichen Fragen gegenüber. Zudem wäre die Kontinuität problematisch, da nur auf critical incidents abgestellt werden würde. Damit wäre eine antizipative Strategie der Kompetenzentwicklung nur selten möglich. Die Personalentwicklung würde nur in außergewöhnlichen, problembeladenen Situationen in Anspruch genommen werden. Somit bleibt nur eine Rolle als Berater und Intermediär, der Bedarfe und ihre Relevanz aufzeigt, für sie sensibilisiert und Angebote an Personalentwicklungsmaßnahmen identifiziert bzw. bei deren Auswahl berät

sowie die Verbindung zwischen Anbieter und Nachfrager herstellt und die administrative Umsetzung gewährleistet.
Dementsprechend sollte über geeignete Instrumente (z.B. der sog. »Gutschein-Ansatz«), Strukturen (z.B. Flexibilisierungs- und Standardisierungsnotwendigkeiten), Prozesse (z.B. Teilnehmerzentricrung vs. Programmorientierung) nachgedacht werden. Dies schließt auch die Diskussion um Belastbarkeit, Verfügbarkeit, Kompetenz und Akzeptanz der eingesetzten bzw. einzusetzenden externen und internen Ressourcen mit ein.

Ein weiterer Fokus sollte auf der Frage der Potenziale und Grenzen intra- und interorganisationalen Konzepttransfers liegen. Auch wenn die vermeintliche Verführungskraft der Best-Practice-Idee generell groß ist, lassen sich nicht alle bereits im Einsatz befindlichen Instrumente usw., die für die Personalentwicklung anderer Statusgruppen in der Universität Bremen oder in anderen Institutionen (universitär wie außeruniversitär) genutzt werden, auch für die Personalentwicklung von Junior-ProfessorInnen gewinnbringend verwenden. Hier bedarf es eines sorgfältigen Rekurses auf die besondere Situation dieser Gruppe von NachwuchswissenschaftlerInnen und einer kritischen Reflexion der Herausforderungen für diese Gruppe sowie den daraus abzuleitenden Anforderungen an die Personalentwicklung. Es kann dabei nicht genug betont werden, dass die Junior-ProfessorInnen eine heterogene Gruppe bilden, da sich das Spannungsfeld von Qualifizierungs- und Führungsaufgabe sowie die Ausformung des Orientierungsdilemmas stets individuell, kontextspezifisch und situativ entwickeln.

3. Chancen und Grenzen

Gerade in der Heterogenität der Statusgruppe der Junior-ProfessorInnen liegt die Quelle gleichermaßen für Chancen und Grenzen der Personalentwicklung. Chancen für die Personalentwicklung ergeben sich vor allem in der
- Möglichkeit, den einzelnen Junior-ProfessorInnen individuelle Orientierung und systematische Reflexion bieten zu können,
- Gelegenheit, die institutionalisierte Integration dieser Statusgruppe in die Organisation der Universität Bremen und deren Organisationsentwicklung voranzutreiben,
- Aussicht, Angebote fachindifferenter, führungsbezogener und rollendifferenzierter Weiterbildung zu entwickeln,
- Option zur individuellen, situativen, temporären Begleitung bei Qualifikations- und Führungsaufgaben,
- Möglichkeit, Impulse für interdisziplinäre, interorganisationale Kooperationen geben zu können,
- Gelegenheit, »Aufklärung« über Personalentwicklungsnotwendigkeiten systematisch und frühzeitig zu betreiben.

Grenzen für die Personalentwicklung ergeben sich vor allem aus der

- Gefahr fehlendem individuellem Bewusstseins für die Notwendigkeit von Personalentwicklung, defizitärer Akzeptanz und mangelnder persönlicher Bereitschaft,
- Dominanz fachcommunity-bezogener Profilierungsanforderungen, die die Erfordernis fachindifferenter Qualifikation überlagern,
- permanenten, intransparenten Veränderung externer Anforderungs- und Akzeptanzprofile, die vor allem durch (ökonomische) Modernisierungsbestrebungen, chronischen Ressourcendefizite und steigende fachliche Qualitätserwartungen eine starke Beeinflussung erfahren,
- Heterogenität der individuellen Karriereplanungen, -präferenzstrukturen, normativen Vorprägungen, persönlichen Risikoeinstellungen, die die Gruppe der Junior-ProfessorInnen in Mikrosegmente zerlegen,
- den chronisch überforderten zeitlichen Kapazitäten der Betroffenen sowie den auf Dauer fehlenden, aber notwendigen Ressourcen der Universität,
- oftmals – aufgrund der Marktlage für PE-Dienstleistungen und fehlender empirischer Erfahrung im Umgang mit der Gruppe der Junior-ProfessorInnen notwendigerweise – angebotsorientierten Personalentwicklungspolitik.

4. Perspektiven

Vor dem Hintergrund der zuvor erörterten Herausforderungen, Ansatzpunkte sowie Chancen und Grenzen der Personalentwicklung für Junior-ProfessorInnen zeichnen sich fünf zentrale Perspektiven ab, die wesentliche Impulse für die Konzipierung von PE-Programmen für diese Statusgruppe liefern können:
- Individualitätspostulat,
- Nachfragesouveränität,
- kompetenzbasierte Steuerung,
- Struktur- und Prozesstransparenz sowie
- Economies of scale.

Zukünftige Konzepte der Personalentwicklung für Junior-ProfessorInnen stehen dem Individualitätspostulat gegenüber, das sich aus der heterogenen und hoch spezifischen Qualifizierungssituation und dem stark persönlich determinierten Orientierungsdilemma ableitet. Um dieser Forderung nach einer betonten Individualität in der Personalentwicklung Rechnung tragen zu können, sollten Elemente wie etwa Coaching und Mentoring ausgebaut und intensiviert werden. Zugleich wären Ergänzungen etwa um ein Individual Career Planning & Monitoring sowie die Erarbeitung spezifischer Kompetenz-Entwicklungs-Profile (Soll wie Ist) sinnvoll, um persönlicher Reflexion und individueller, eigenverantwortlicher Steuerung der eigenen Qualifizierung und Profilierung hinreichend Raum zu geben.

Eng mit dem Individualitätspostulat verknüpft ist die Stärkung der Nachfragesouveränität. Niemand weiß besser um seine Qualifizierungsbedürfnisse als die betroffenen Junior-ProfessorInnen selber. Wird der Individualitätsanspruch ernst genommen, kann es folglich nicht mehr Aufgabe der Personalentwicklung sein, ein Angebot an geeigneten Maßnahmen und interne wie externe Kapazitäten dafür vorzuhalten. Vielmehr verschiebt sich das Tätigkeitsspektrum der Personalentwicklung hin zur Sicherstellung der Alimentierung der Nachfrage und der Vermittlung zwischen persönlichen Bedarfen der Betroffenen und dem Markt für Personalentwicklungsdienstleistungen. Dies geht einher mit einem Selbstverständnis von Personalentwicklung als Intermediär und Berater. Die Aufgaben lauten hier: Sensibilisieren, beraten, vermitteln, aufklären, unterstützen, abwickeln usw. Ein »Gutschein-Kontrakt-Modell« könnte hierfür die Basis bieten, bei der die betonte Wahlfreiheit der Junior-ProfessorInnen (durch die Gutscheinoption) mit einer Verpflichtung zur Teilnahme an einem individuellen Programm verbunden (durch die Kontraktkomponente) und um eine intensive Beratung, Begleitung und Betreuung (z.B. im Rahmen der gemeinsamen Ausarbeitung kontraktbezogener Zielvereinbarungen) ergänzt werden kann. Bei der Ausarbeitung der spezifischen Kompetenz-Entwicklungs-Profile und der dafür erforderlichen individuellen Programme an Personalentwicklungsmaßnahmen muss deshalb die persönliche Partizipation der Betroffenen sowie die Interaktion zwischen der Personalentwicklung und dem einzelnen Junior-Professor bzw. der einzelnen Junior-Professorin im Vordergrund stehen.

Die kompetenzbasierte Steuerung der maßgeschneiderten Personalentwicklungsprogramme für die einzelnen Junior-ProfessorInnen soll die Qualifizierung und Profilierung in den Vordergrund stellen. Dabei zielt sie nicht auf Strukturmerkmale wie etwa Anzahl, Dauer, Frequenz durchlaufener Maßnahmen oder eine Sammlung von Zertifikaten ab. Sondern sie fokussiert vielmehr auf die erworbenen Kompetenzen, die damit verbundenen komparativen Konkurrenzvorteile und ihre Beitragspotenziale für eine erfolgreiche akademische Karriere in einer modernen Universität. Hierzu bedarf es folglich der vom Prozess, nicht vom Inhalt her standardisierten Evaluation der individuellen Kompetenzgefüge. Diese sollte eine Feedbackfunktion beinhalten, die eine fundierte Korrektur weiterer geplanter Maßnahmen bzw. eine Korrektur der angestrebten Karrierewege (z.B. hinsichtlich zeitlicher Dauer der Zielerreichung) gestattet. In Verbindung mit dem oben erwähnten »Gutschein-Kontrakt-Modell«, das auch Ansätze der gemeinsamen Zielvereinbarung beinhaltet, könnte in die Evaluation auch eine partizipative Revision des zuvor geplanten Qualifizierungsprogramms mit all seinen Bestandteilen integriert werden. Damit würde sich auch das Steuerungspotenzial der Personalentwicklung erhöhen und die erfolgsbasierte Legitimation von PE-Maßnahmen verbessern. Insgesamt sollte sich die Steuerung auf fachindifferente Schlüsselkompetenzen beschränken und disziplinäre Aspekte auch der fachlichen Evaluation überlassen. Es wäre jedoch wichtig, dass die fachspezifische Evaluation und die Evaluation der sog. Schlüsselkompetenzen eine Integration zu einem Gesamtbild erfahren, um gezielt Karrierepfade, Qualifizierungs- und Korrekturpotenziale sowie Profilierungsmöglichkeiten durch die Kombination von fachlichem und nicht-fachlichem Können erschließen zu können. Dies hat nicht zuletzt für die Universität Bremen erhebliche Image-Effekte in der Außendarstellung und Überzeugungskraft in der Vermarktung der universitären Leistungen in der Ausbildung des akademischen Nachwuchses. Die zuvor aufgeführten Entwicklungsperspektiven der Personalentwicklung für Junior-ProfessorInnen müssen von transparenten Strukturen und Prozessen getragen werden. Ansonsten wird der Personalentwicklung auf Dauer die erforderliche Belastbarkeit, Legitimation sowie Engagement und Akzeptanz fehlen. Kontraktmanagement, Zielvereinbarungen, Career Planing, konstruktiv-partizipative Evalution usw. setzen Vertrauen und Verlässlichkeiten auf beiden Seiten voraus. Diese können nur in einem Klima transparenter Abläufe und Gefüge auf Dauer existieren. Ein wesentliches Vehikel dafür ist auch die zielgruppenorientierte Kommunikation, die die Betroffenen bei ihren Problemen abholt und dafür erfolgversprechende Lösungen präsentiert.

Eine wesentliche Einflussgröße dafür, dass die obigen Perspektiven ihre Erfolgswirkungen entfalten können, ist eine hinreichende Zahl an Junior-ProfessorInnen, um eine kritische Masse zu erreichen, die es gestattet, signifikante Economies of scale zu realisieren. Denn ansonsten wird die ressourcenintensive Balancierung von Standardisierung und Customization (etwa durch Baukastensysteme) in der Personalentwicklung für Junior-ProfessorInnen am ökonomischen Kalkül scheitern. Nur wenn es gelingt, durch eine erhebliche Anzahl an Erfolgsgeschichten in der Ausbildung von NachwuchswissenschaftlerInnen der betrachteten Kategorie den aufwendigen Maßnahmen der Personalentwicklung Legitimation zu verschaffen, werden sich moderne Konzepte der Personalentwicklung auf Dauer verstetigen und weiterentwickeln lassen. Ansonsten wird ihr Gedeihen vom (ggf. wechselanfälligen) Interesse, vom volatilen Bewusstsein und vom politischen Gefüge in Universitätsgremien abhängig sein. Ihr dauerhafter Erfolg wäre somit u.U. gefährdet.

Diskussionsprotokoll – Beiträge Mehrtens/Hülsmann

Webler: Sowohl Herr Mehrtens als auch Herr Hülsmann haben nachdrücklich den Gegensatz zwischen Angebots- und Nachfrageorientierung angesprochen. Gerade im Bereich Personalentwicklung müssen wir beides leisten: es müssen Maßnahmen programmatisch vorgegeben werden, und dann muss flexibel auf individuelle Bedürfnisse eingegangen werden. Es ist in der Hochschuldidaktik bundesweit inzwischen ein Curriculum vereinbart worden, das nach internationalen Standards zwischen 200 und 240 Stunden für den Erwerb der Lehrkompetenz vorsieht, in einzelnen Modulen, Pflichtbestandteile und völlig individuell zu gestaltende Bestandteile. Dass eine ausschließliche Nachfrageorientierung funktioniert, bezweifle ich auch deshalb, weil wir an den Hochschulen immer noch eine große Unsicherheit darüber haben, was Lehrkompetenz eigentlich ausmacht, so dass der Wahrnehmungshorizont von möglichen Problemen und damit auch Kompetenzen bei der Adressatengruppe noch sehr entwicklungsfähig ist. Wenn diese Gruppe also von sich aus ihre Problemwahrnehmung zur Norm erklären würde – da spre-

che ich jetzt aus Erfahrung, das ist jetzt keine Polemik – dann würde sich das doch weitgehend auf das Aufpolieren der eigenen Präsentationstechnik mit Power-Point- oder Rhetorik-Kursen reduzieren. Die Lehrenden der Zukunft müssen erheblich mehr vom Lernen wissen.
Hülsmann: Ich stimme Ihnen völlig zu. Denn eines der Probleme ist z.B. das Problembewusstsein, dass Lernen und Lehren tatsächlich die Ausbildung bestimmter Kompetenzen bedarf. Wir brauchen eine Balance zwischen Standardisierung und Individualisierung. Ich glaube schon, dass da ein Spannungsfeld ist. Ich würde das auch differenzieren nach den Rollen. In der Lehre müssen bestimmte Qualitätsstandards sicher gehalten werden. Auf der anderen Seite wird man zur Zeit ja erschlagen mit Hochschulmanagement, da denke ich eher an eine Individualisierung.
Mehrtens: Ich glaube dieser Widerspruch besteht so gar nicht. Es müssen zunächst einmal Angebote vorhanden sein, die man dann nutzen kann. Ich finde, Personalentwicklung hat nicht die Aufgabe, bestimmte Maßnahmen aufzusetzen, sondern hat die Aufgabe zu orientieren, zu motivieren und auch zu steuern. Dies unterscheidet Personalentwicklung von Weiterbildung oder Fortbildung. Beides muss zusammenwirken: Ein Personalentwickler kann ohne solche Angebote nichts machen, und die Entwicklung und Weiterentwicklung solcher Angebote kann andererseits nur in enger Kooperation und Abstimmung mit der Personalentwicklung erfolgen. Aber Personalentwicklung ist keine Weiterbildung, sondern ein Stück Organisationsentwicklung: Es müssen über die Förderung Entwicklungsprozesse initiiert werden. Auf diesem Weg können Angebote der Weiterbildung ganz gezielt genutzt werden. Es ist ja kein Zufall, dass wir als Personalentwickler so gut wie keine eigenen Angebote machen, sondern fast ausschließlich mit externen Partnern zusammenarbeiten. Dadurch kann Personalentwicklung sehr fruchtbar werden und viele unterschiedliche Impulse setzen und individualisiert gezielt auf Förderstrategien eingehen.
Schmitt: Ein Teil des Charmes des Bremer Modells der Juniorprofessur besteht ja darin, dass sie strategisch eingesetzt wird zur Hochschulentwicklung. Ich frage mich jetzt allerdings, aus einer anderen Perspektive blickend, nämlich der Perspektive eines Hochschullehrers, der nicht Juniorprofessor ist und der Juniorprofessor/inn/en neben sich hat, wie denn das alles mit der übrigen Personalentwicklung vernetzt ist. Und zwar in doppelter Hinsicht: Es gibt auf der einen Seite noch die Assistenten und Assistentinnen, die in einem eigenartigen Kooperations- und Konkurrenzverhältnis zu den Juniorprofessor/inn/en stehen, und es wird Wissenschaftler/inn/en auf Qualifikationswegen auch neben den Juniorprofessor/inn/en weiterhin geben. Auf der anderen Seite gibt es die Möglichkeit und wird darüber nachgedacht, Juniorprofessorinnen und deren spezielle Förderung gleichsam als einen Stimulus zur Erzeugung von Personalentwicklungsappetenz bei Professorinnen zu benutzen. Mir ist noch nicht so ganz klar, wie denn ‚normale' Hochschullehrer in ihrer Konzeption im Hinblick auf die Juniorprofessor/inn/en sich verhalten sollen. Ich habe ein bisschen erstaunt gehört, dass die Hochschulleitung

und die Dekane hier aktiv werden sollen, die übrigen Professorinnen kamen in Ihrer Präsentation überhaupt nicht vor.
Mehrtens: Sie haben Recht, wir haben zunächst die Hochschulleitung und die Dekane gebeten, für die Integration und Verortung der Juniorprofessur in einem Wissenschaftsbereich zu sorgen. Da die Universität ein vernetztes System ist, ist unser Ziel, dass Personalentwicklung langfristig jede Professur, aber auch jeden einzelnen wissenschaftlichen Mitarbeiter einbeziehen sollte. Wir haben jedoch ein Mengenproblem: Wir haben hier eine Zielgruppe Juniorprofessor/inn/en, für die es einen großen Förder- und Entwicklungsbedarf gibt, mit dieser Gruppe haben wir begonnen. Eine zweite Zielgruppe sind die Dekane, mit denen haben wir auch erste Fördermaßnahmen begonnen. Eine dritte Zielgruppe, mit denen wir im nächsten Sommer ein größeres Programm beginnen werden, sind die wissenschaftlichen Mitarbeiter/innen, Doktorand/inn/en, denen wir in einem Programm eine Wirtschaftsorientierung und Kooperation mit außeruniversitären Partnern vermitteln werden. Ich würde mir wünschen, dass wir dann Stück für Stück weitere wissenschaftliche Zielgruppen mit Förderprogrammen erreichen. Dies ist momentan der Start, und die Juniorprofessor/inn/en sind eine sehr wichtige Zielgruppe. Wir haben das ganz pragmatisch gesehen: Man muss in der Organisationsentwicklung dort beginnen, wo man die Chance hat, auch erfolgreich zu sein. Ein Instrument muss auch über Erfolg kommuniziert werden und in die Organisation über kleine Schritte hineingetragen werden. Es ist vollkommen richtig, was Sie sagen, dass wir nicht bei einer Förderung Halt machen dürfen und dass die Juniorprofessuren nicht die einzige Zielgruppe der Personalentwicklung sind. Ich denke, in zehn Jahren sind wir breiter aufgestellt.
Walter: Ich habe mit großem Interesse vernommen, dass hier erstmals heute das Wort Organisationsentwicklung gefallen ist. Das ist für mich immer die Frage: wofür machen wir eigentlich Personalentwicklung? Wir arbeiten daran, dass die Einzelnen immer besser werden, immer qualifizierter werden – aber zugleich sind das ja unsere künftigen Dekane, unser künftigen Leiter von Sonderforschungsbereichen. Und ich finde dies ist unbedingt zusammenzubringen unter dem Blickpunkt der Organisationsentwicklung, wie Herr Mehrtens eben auch deutlich gesagt hat. Vor diesem Hintergrund habe ich eine Nachfrage: Ist denn aus der Strategie der Universität Bremen her intendiert, dass man die meisten der Juniorprofessor/inn/en auch letztendlich im *tenure track* überleiten will, denn da wäre strategisch ja auch die Verknüpfung zur Organisationsentwicklung, oder müssen 75% dann eben doch gehen?
Mehrtens: Nun ich denke, Herr Müller wird sich dazu in seinem Beitrag gleich äußern. Die Juniorprofessorinnen bekommen eine Chance der Förderung und das ist unbedingt positiv zu sehen. Und sie haben die Chance in diesen sechs Jahren, ein Forschungsgebiet und ein Lehrgebiet zu entwickeln und sich darin zu positionieren. Sie profilieren damit praktisch ein Forschungs- und Lehrgebiet, das künftig für eine Lebenszeitprofessur zur Ausschreibung gelangen wird. Und über diese doppelte Chance, die gezielte Förderung, die gezielte Förderung einerseits und den Profilierungsvorteil des Forschungs- und Lehrgebiets andererseits müssten sie

gute Chance haben, sich in einem künftigen Berufungsverfahren auch durchzusetzen. Das ist unsere Erwartung, wir gehen schon davon aus, dass die meisten Juniorprofessor/innen sich in den Berufungsverfahren zu den zuvor von ihnen profilierten Professuren durchsetzen. Aber es ist kein *tenure track* im herkömmlichen Sinne der Überleitung.

Müller: Es hat ganz früh die Entscheidung gegeben, die Juniorprofessur nicht im Bereich des Mittelbaus anzusiedeln. Weil wir ganz sicher waren, dass Juniorprofessoren, die im Grunde Mittelbauer sind, wie Mittelbauer angesehen werden. Vor dem Hintergrund war relativ früh klar, wenn wir die Juniorprofessur einrichten, dann im Sinne einer möglichen Entwicklung in Richtung zum *tenure track*. Zu einem ganz frühen Zeitpunkt sofort den *tenure track* organisatorisch, politisch und rechtlich abzusichern, haben wir auch bewusst nicht gewollt, weil damit die Gefahr entstanden wäre, dass überregional und bundesweit der Eindruck einer Bremer Professur „light" entstanden wäre, und das wollten wir auch ausdrücklich nicht. In der Zwischenzeit haben wir den *tenure track* als Möglichkeit rechtlich verankert, ganz bewusst, weil es ja wirklich vorkommen kann, dass einzelne Unglaubliches leisten und es wirklich unsinnig wäre, diese Möglichkeit nicht zu nutzen, aber der Regelfall wird es nicht sein. Ein ganz entscheidender Punkt ist gewesen, und in der nächsten Woche wird es zum ersten Mal Wirklichkeit werden, dass wir den Juniorprofessor/inn/en gesagt haben, wenn ihr einen Ruf an eine andere Hochschule habt, dann verhandeln wir mit euch und führen mit euch Bleibeverhandlungen, und das werden wir jetzt in der nächsten Woche tun.

Zechlin: Es wurde mehrfach angesprochen, dass die individuelle Perspektive der Personalentwicklung von der Verlässlichkeit der Rahmenbedingungen abhängt, die ja auch eine Orientierung bietet. Und diese Rahmensetzung ist nicht unbedingt Teil der Personalentwicklung, sondern letztendlich eine von der Politik zu verantwortende Aufgabe. Und unter den Bedingungen, die jetzt bestehen in Deutschland, finde ich das absolut vernünftig und nachvollziehbar, wie die Universität Bremen ihre Politik darin definiert. Es gibt mehrere Bereiche, wo meines Erachtens die Hochschulen zur Zeit unter einem enormen Veränderungsdruck stehen, und wo viele Sachen schief laufen, weil der Rahmen nicht stimmt. Es gibt Bereiche, die können die Hochschulen selber gestalten, und es gibt auch Bereiche, wo der politisch gesetzte Rahmen nicht stimmt und wo Anforderungen an die Hochschulen gestellt werden, die sie gar nicht erfüllen können.

Mentoring-Erfahrungen mit einem Ansatz der systematischen und individuellen Förderung von Wissenschaftlerinnen

Christine Amend-Wegmann

1. Ausgangslage

1.1 Karrierewege in der Medizin

In der Humanmedizin finden sich verschiedene Karrierewege, die sich grob nach vier Bereichen unterscheiden lassen.

Der erste Bereich umfasst die klassische hochschulmedizinische Laufbahn, die im erfolgreichsten Falle in einen Lehrstuhl an einer medizinischen Fakultät mündet. In der darunter liegenden Hierarchieebene finden sich ebenfalls attraktive Führungspositionen, etwa die der leitenden OberärztInnen oder auch der qualifizierten OberärztInnenpositionen auf Dauer. Im Gegensatz zur außeruniversitären Laufbahn, wird auch für diese Positionen von den InhaberInnen erfolgreiche, dokumentierte Forschungsleistung erwartet. Die Hochschulmedizin bietet im Übrigen auch für hochqualifizierte NaturwissenschaftlerInnen Spitzenpositionen.

1.2 Frauen in der Medizin

Betrachtet man nun die Situation von Frauen im Hinblick auf diese verschiedenen Karrierewege in der Medizin[34], zeigt sich, dass die Unterrepräsentanz von Frauen im Hinblick auf die klassische hochschulmedizinische Laufbahn am deutlichsten ausfällt.

Obgleich schon seit einiger Zeit deutlich mehr Frauen als Männer ein Studium der Humanmedizin beginnen, und sich sowohl hinsichtlich der Studienabschlüsse und Promotionen als auch der AssistentInnenzeit ein annähernd ausgeglichenes Geschlechterverhältnis findet, nehmen die Spitzenpositionen in der Hochschulmedizin fast ausschließlich Männer ein. Eine entscheidende Hürde stellt hier ganz offensichtlich die Habilitation dar. Der Anteil an von Frauen abgeschlossenen Habilitationen etwa lag am Bereich Humanmedizin in Göttingen im Durchschnitt der Jahre 2001 bis 2003 bei 20% und damit etwas über dem Bundesdurchschnitt (ca. 18%). Der Frauenanteil an C4 Professuren in der deutschen Hoch-

---

[34] Vgl. dazu auch: Hohner, Hans-Uwe; Grote, Stefanie; Hoff, Ernst-H.(2003): Geschlechtsspezifische Berufsverläufe: Unterschiede auf dem Weg oben , in: Deutsches Ärzteblatt; 100: A 166-169 (Heft 4).

schulmedizin insgesamt liegt derzeit bei unter 5%. In den klinischen Fächern fällt der Anteil sogar noch geringer aus. Gleichzeitig werden einige Fächer von Frauen eindeutig präferiert (beispielsweise die Kinderheilkunde) und andere haben für Frauen offensichtlich keine hohe Attraktivität (etwa die Chirurgischen Fächer). Insgesamt findet sich somit eine ausgeprägte, vertikale und auch horizontale geschlechtsspezifische Segregation.[35]

Im direkten Wettbewerb mit den männlichen Kollegen um Spitzenpositionen in der Hochschulmedizin können nur sehr selten Kompetenzen in der Krankenversorgung oder in der Lehre im negativen Sinne für die Unterrepräsentanz verantwortlich gemacht werden. Viel häufiger liegt der Wettbewerbsnachteil in der geringeren Anzahl dokumentierter Forschungsleistungen (gut plazierte Publikationen und Drittmittelfähigkeit). Im Rahmen von Berufungsverfahren fällt zudem auf, dass Frauen meist nicht oder über weniger effektive Netzwerkbeziehungen verfügen und ihnen – eng damit verbunden - informelles Wissen fehlt. Nicht selten wird von Berufungskommissionen auch das nicht ganz souveräne Auftreten von KandidatInnen geltend gemacht. Dies geschieht deutlich öfter – zu recht oder unrecht – bei Wissenschaftlerinnen.

Vor diesem Hintergrund hat sich 2001 im Anschluss an die im Rahmen der Bewerbung um den Total E-Quality erfolgte Bestandsaufnahme gleichstellungspolitischer Instrumente und Maßnahmen eine Projektgruppe unter Leitung der Gleichstellungsbeauftragten am Bereich Humanmedizin gebildet. Vertreten waren die Bereichsleiter Forschung und Lehre, sowie die Referentin des Vorstands für Krankenversorgung. In dieser Gruppe ist die Idee entstanden mit einem Mentoring-Projekt ein Instrument systematischer Personalentwicklung mit einer hohen individuellen Ausprägung aufzulegen, das die hier skizzierte Ausgangslage berücksichtigt.

2. Das Mentoring-Projekt am Bereich Humanmedizin[36]

2.1 Projektziele

Im Sinne der Gleichstellung war und ist das erklärte Ziel des Mentoring-Projektes, mittel- bis langfristig den Frauenanteil an Führungspositionen in der (Hochschul-)Medizin zu erhöhen. Dies soll über eine gezielte Personalentwicklung

---

[35] Vgl. dazu Bund-Länder-Kommission für Bildungsplanung und Forschungsförderung (Hrsg.) (2004): Frauen in der Medizin. Ausbildung und berufliche Situation von Medizinerinnen.
[36] Vgl. auch die Beiträge von Chr. Amend-Wegmann und U. Heilmeier in: Frauen- und Gleichstellungsbüro des Bereichs Humanmedizin (Hrsg.) (2004): Georgia. 10 Jahre Frauen- und Gleichstellungsbüro, Heft 6, WiSe 2003/2004 sowie A. Franzke (2005): Institutionelle Potentiale und Veänderungen – Mentoringprogramme für Frauen an niedersächsischen Hochschulen, Evaluation 2003 bis 2005, Hrsg. Landeskonferenz Niedersächsischer Hochschulfrauenbeauftragter (externe Evaluation) und U. Heilmeier (2006): Mentoring-Projekt am Bereich Humanmedizin der Georg-August-Universität Göttingen, Kurzzeitstudie und Evaluation 2003-205, Göttingen (interne Evaluation).

insbesondere in den sogenannten Schlüsselqualifikationen (v.a. Führungskompetenzen und Kommunikation) erreicht werden, aber auch darüber, dass Nachwuchswissenschaftlerinnen möglichst frühzeitig relevante Informationen über Anforderungen, Bedingungen und Hindernisse der verschiedenen Karrierewege erhalten, um auf dieser Grundlage ihren zukünftigen beruflichen Weg soweit möglich zu planen und aktiv gestalten zu können. Ein Schwerpunkt der Förderung soll außerdem auf dem Forschungsbereich liegen.

Für in ihrer Karriere schon weiter fortgeschrittene Wissenschaftlerinnen und Ärztinnen, soll das Programm dazu beitragen den Karriereweg weiter erfolgreich beschreiten zu können bzw. sich in bereits erreichten Positionen weiter zu etablieren. Dies können auch Positionen sein, die vorrangig über die Krankenversorgung definiert sind. Grundsätzlich ist in diesem Zusammenhang wichtig, dass die eigenen Interessen und Kompetenzen erkannt, gestärkt und gezielt weiterentwickelt werden.

Da aus Sicht der Projektverantwortlichen neben den fachlichen und sozialen Kompetenzen Kontakte und „informelles Wissen" für den beruflichen Erfolg auch in der Hochschulmedizin von zentraler Bedeutung sind, wurde als weiteres Ziel die aktive Netzwerkbildung unter den Teilnehmerinnen definiert. Die Weitergabe informellen Wissens soll im Rahmen dieser beruflich-strategischen Netzwerke und in den Tandems erfolgen.

2.2 Projektrahmen

Das Mentoring-Programm wurde im Jahr 2002 auf den Weg gebracht und ist seither am Frauen- und Gleichstellungsbüro angesiedelt. Es wird seit Mitte 2002 von einer für dieses Projekt beschäftigten wissenschaftlichen Mitarbeiterin koordiniert, die mit einem Betrag von 15.600 Euro jährlich über den Bereich Humanmedizin mitfinanziert wird. Darüber hinaus wird das Projekt über Bundes- und Landesmittel (AK Chancengleichheit und Niedersächsisches Ministerium für Wissenschaft und Kultur) finanziell mit einem Betrag von rund 47.000 Euro jährlich gefördert. Die Laufzeit ist für drei Jahre und vier Monate geplant und endet entsprechend zunächst im Dezember 2005.

Als Mentees wurden für das Mentoring Studentinnen ab dem klinischen Semester, Studentinnen im Praktischen Jahr und Ärztinnen in der frühen Assistenzzeit angesprochen. Es nehmen aber auch Psychologinnen und Naturwissenschaftlerinnen teil. Als Mentorinnen engagieren sich Frauen, die kurz vor oder nach der Habilitation stehen, Fachärztinnen ohne Habilitation, Psychologinnen, zwei Juniorprofessorinnen und zwei weitere Lehrstuhlinhaberinnen.

Derzeit befindet sich das Programm in der dritten Runde. Insgesamt haben bisher rund 90 Personen teilgenommen. Zur fachlichen Beratung und um eine bessere Akzeptanz in der Fakultät zu erreichen, wurde ein Mentoring-Beirat, dem drei ProfessorInnen aus klinischen und theoretischen Fächern und eine habilitierte Chirurgin angehören, eingerichtet; Schirmherrin ist eine Abteilungsdirektorin, die zu Beginn des Projektes auch Prodekanin gewesen ist.

2.3 Projektbausteine

Das Projekt setzt sich aus **drei Bausteinen** zusammen. Im Zentrum steht **zunächst das Tandem**, die Förderpartnerschaft zwischen Mentorin und Mentee. Hier soll die erfahrende Wissenschaftlerin/Ärztin Wissen und Informationen weitergeben, für die Probleme der Mentee ansprechbar sein und ihre eigenen Beziehungen zugunsten der Mentee nutzbar machen. Konzeptionell soll die Mentorin v.a. jenes informelle Wissen (z.b. über Codes, Verhaltensregeln oder etwa Bedeutung von Gremien) weitergeben, das formal nirgendwo fixiert ist. Das Tandem wird aufgrund einer schriftlichen Bewerbung (Mentee), Profilbögen (beide) und Einzelgesprächen „gemacht", also zusammengebracht. Wichtig ist hierbei, dass kein Abhängigkeitsverhältnis zwischen den Teilnehmerinnen besteht und ein ausreichender Abstand hinsichtlich der beruflichen Hierarchiebenen (mindestens zwei Stufen) vorliegt. Es handelt sich beim vorgeschlagenen Tandem zunächst um eine Empfehlung, der das Tandem nur folgen sollte, wenn die notwendigen Absprachen zu Beginn der Partnerschaft aus beider Sicht erfolgreich verlaufen sind. Die Projektkoordinatorin begleitet diesen gesamten Auswahl- und Matching-Prozess. Welche Themen in der Förderpartnerschaft besprochen werden, wird jeweils im Tandem festgelegt. Das Programm unterstützt die Themenfindung jedoch insofern, als zu Beginn einer jeden Runde Einführungsworkshops (thematisiert werden z.B. Rollenfindung, Erwartungen, formaler Rahmen, Beratungskompetenz) sowohl für die Mentees als auch für die Mentorinnen stattfinden.

Der **zweite Baustein ist ein begleitendes Qualifizierungsprogramm**, insbesondere zu den Themen „Führung", „Kommunikation" und „Selfmarketing" einschließlich Bewerbungs- und Berufungstrainings. Daneben werden aber auch Veranstaltungen und Vorträge zu weiteren Themen wie „Netzwerkbildung", EDV, Struktur und Bedeutung von Hochschulpolitik und Gremienarbeit angeboten. Begleitend können Einzel- und Gruppencoaching in Anspruch genommen werden. Das Programm wird insgesamt sehr gut angenommen, die einzelnen Veranstaltungen sind ganz überwiegend gut bis sehr gut evaluiert. Eine Besonderheit des Göttinger Programmes dürfte darin bestehen, dass sich Teile des Programmes ganz gezielt an die Mentorinnen richten. Diese Teile sind in den letzten Jahren in enger Zusammenarbeit mit den Wissenschaftlerinnen selbst, deren Vorschläge und Wünsche aufgenommen oder eingearbeitet wurden, und der Abteilung Personalentwicklung weiterentwickelt und verbessert worden.

Das **dritte Element ist Baustein und Ziel gleichermaßen: die Netzwerkbildung** unter den Teilnehmerinnen insgesamt. Es ist bisher in herausragender Weise gelungen, die Teilnehmerinnen untereinander in einen engen Kontakt und Austausch zu bringen, was nicht zuletzt auf den intensiven Einsatz von Coaching und Führungskräfteschulung (über drei 2-tägige Module in einer Gruppe) zurückzuführen sein dürfte. Die beruflich-strategische, aber auch persönliche gegenseitige Unterstützung wird von den Teilnehmerinnen, aber auch von den Projektverantwortlichen als ein Haupterfolg des Programmes gesehen.

2.4 Projektablauf

Vor Beginn der ersten Runde haben wir über ein gezieltes Marketing das Projekt bekannt gemacht. Zu diesem Zweck wurde zunächst ein Logo kreiert und ein Flyer erstellt. Darüber hinaus konnten die etablierten Informationsmedien am Bereich Humanmedizin (v.a. die MitarbeiterInnenzeitung „Einblick", „Georgia" - Zeitschrift des Frauen- und Gleichstellungsbüros, Intranet) genutzt werden. Auch über Aushänge haben wir auf das Programm aufmerksam gemacht. Zudem hat die Projektkoordinatorin in Kooperation mit dem Referat Lehre in ausgewählten Lehrveranstaltungen über das Programm informiert. Mittlerweile genügen Aushänge zu Beginn einer neuen Runde, da die meisten Mentees über Mund-zu-Mund-Propaganda auf das Mentoring aufmerksam geworden sind.

Die ersten zwanzig Mentorinnen konnten über direkte Ansprache gewonnen werden, wobei bereits bestehende Kontakte intensiv genutzt wurden. Auch in der dritten Runde hatten wir keine Probleme eine ausreichende Anzahl von Mentorinnen davon zu überzeugen, sich im Projekt zu engagieren. Die Mentorinnen erklären formal ihre Bereitschaft mitzuwirken, indem sie einen ausgefüllten Profilbogen abgeben.

Nach der Ausschreibung erfolgt die Auswahl der Mentees. Dies geschieht anhand von Bewerbungsunterlagen einschließlich Profilbögen und auf der Grundlage von Einzelgesprächen. War als Zielgruppe in der ersten Runde hauptsächlich an Studentinnen gedacht worden, wurde der Adressatinnenkreis in der zweiten Runde auf die nächsten beiden Qualifikationsstufen (Praktisches Jahr und Assistenzzeit) erweitert. Zu Beginn einer jeden Runde haben wir Auftaktveranstaltungen, ab der dritten Runde auch einen Einführungsworkshop angeboten. Diesen Veranstaltungen schließt sich dann das begleitende Rahmenprogramm an, das über das Jahr verteilt stattfindet. Mit Ausnahme der Führungskräfteschulung, die sich jeweils nur an die „neuen" Mentorinnen richtet, kann das jeweilige Programm von allen Mentees bzw. Mentorinnen, also auch aus den vorhergehenden Runden, genutzt werden. Selbstverständlich erfolgt kontinuierlich eine Evaluation der Angebote.

3. Weiterentwicklungen und Folgeprojekte

Aus dem Mentoring-Programm haben sich einige Folgeprojekte entwickelt. Noch in einem Planungsstatus befinden sich derzeit zwei dieser Projekte, nämlich die Ausweitung des Mentoring-Programmes auf das Ressort V3 - Wirtschaftsführung und Administration - und das „Mentoring im Nord-Verbund", dessen Ziel ein Cross-Mentoring zwischen den Uni-Klinika in Hamburg, Hannover, Greifswald, Göttingen, Kiel, Lübeck und Rostock sein soll.

Ein drittes Projekt hat bereits eine sehr viel konkretere Form angenommen, indem eine Vereinsgründung erfolgt ist. Aus dem Kreis der Mentorinnen hat sich eine Gruppe von Frauen heraus kristallisiert, der sich auch in einem übergeordneten Sinne dafür engagieren möchte, mehr Frauen den Weg in Führungspositionen zu eröffnen. Der Verein, der 2004 gegründet wurde, trägt den Namen „medf3 – Frauennetzwerk für Führung und Forschung in der Medizin" und strebt insbesondere eine Vernetzung auch mit anderen Institutionen etwa mit dem Max-Planck Network of femal Postdocs (MNOP) oder der „habilla", einem Zusammenschluss habilitierter Frauen an der Georg-August-Universität Göttingen, an. Darüber hinaus ist für 2004 eine Vortragsreihe zu genderrelevanten Themen geplant. Last but not least bietet der Verein zweimal im Monat eine offene Karrieresprechstunde für Nachwuchswissenschaftlerinnen und Ärztinnen an.

Viertens schließlich haben wir im Jahr 2004 eine Kooperation mit der Charité in Berlin begonnen. Damit haben wir einen Vorschlag, der von den Mentorinnen vorgetragen wurde, aufgegriffen, die für sich selbst einen Mentor bzw. eine Mentorin wünschten. Konzeptionell wurde zunächst die Frage nach dem Einbezug von männlichen Mentoren diskutiert und dann bejaht. Auch in Abstimmung mit dem Mentoring-Beirat wurde im Anschluss daran beschlossen, dieses Folgeprojekt überregional anzulegen. Aus verschiedenen Gründen lag es nahe, die Professoren und Professorinnen der Charité anzusprechen. Nach einer schriftlichen Vorabinformation haben die Projektleiterin und Projektkoordinatorin alle potentiellen Mentoren und Mentorinnen im Herbst letzten Jahren besucht, sie noch einmal intensiv informiert und bei Interesse an einer Projektteilnahme um Rücksendung des Profilbogens gebeten. Die Rücklaufquote lag schließlich bei rund 80%, so dass wir für die elf ehemaligen Mentorinnen, die zukünftig in die Rolle der Mentee gehen wollten und entsprechend einen Mentor suchten, unter rund 20 MentorInnen wählen konnten. Das Matching ist mittlerweile fast abgeschlossen, sieben Tandems haben sich bereits etabliert und die Auftaktveranstaltung in Berlin hat vor kurzem statt gefunden.

Inhaltlich unterscheidet sich dieses Folgeprojekt insofern vom ursprünglichen Konzept, als die Mentees bereits mit der Bewerbung konkrete Projekte, die sie in der Förderpartnerschaft bearbeiten wollen, beschrieben haben. Diese sind individuell verschieden und reichen von Drittmitteleinwerbung, über Berufungsverfahren bis hin zur eher grundsätzlichen Frage nach Strategien zur besseren Vereinbarkeit von Familie und Beruf.

4. Zusammenfassung und Ausblick

Zusammenfassend können ganz überwiegend positive Erfahrungen mit dem Instrument Mentoring in der oben beschriebenen Göttinger Ausprägung resümiert werden. Einige Erfahrungen allerdings haben auch Anlass dafür gegeben, Veränderungen durchzuführen bzw. einzelne Elemente zu modifizieren.

So stellte sich direkt zu Beginn des Projektes heraus, dass es entgegen den Erwartungen vergleichsweise schwierig war Studentinnen, dagegen vergleichsweise einfach Mentorinnen für das Projekt zu gewinnen.

Auch im Hinblick auf das begleitende Qualifizierungsangebot haben sich im Verlauf des Projektes eine Reihe von Veränderungen als sinnvoll herausgestellt: das Einzelcoaching wird sehr viel intensiver genutzt als für die erste Runde geplant und entsprechend haben wir das Angebot ausgeweitet. Andere Angebote wie etwa „Zeitmanagement" oder „Englisch-Konversations-Kurse" haben wir auf Wunsch der Teilnehmerinnen erst nachträglich ins Programm aufgenommen. Dagegen wurden die EDV-Kurse nicht in dem Maße angenommen, wie es geplant worden war.

Eine der zentralen Erfahrungen ist sicher gewesen, dass die Tandems über das eigentliche Matching hinaus besser als zunächst gedacht auf die Förderpartnerschaft vorbereitet werden sollten und auch im weiteren Verlauf der Beziehung die Projektkoordinatorin beratend und begleitend in weit höherem Maße in Anspruch genommen wurde als geplant. Die Fragen und Probleme, die es hierbei zu bearbeiten gilt, reichten von der Beratung zum Thema „wie beende ich die Partnerschaft" bis hin zum Bearbeiten von Berührungsängsten, die die Mentees ihren Mentorinnen gegenüber hatten und haben. So wurde vergleichsweise häufig von Mentees Unsicherheiten artikuliert, die sie bezüglich des Rechtes ihre Mentorin anzusprechen oder um Hilfe zu bitten haben.

Als Konsequenz dieser Erfahrungen werden die Tandems mittlerweile sehr viel intensiver auf das Mentoring im Rahmen eines gezielten Einführungsworkshops vorbereitet, in dem die eigenen Erwartungen und die jeweilige Rolle reflektiert werden, aber auch etwa die Regeln des Umgangs miteinander und die Notwendigkeit der Absprache zu Beginn einer Partnerschaft sehr ausführlich thematisiert werden.

Insgesamt betrachtet ist das Mentoring-Programm, insbesondere auch im Hinblick auf die Mentorinnen aus Sicht der Projektverantwortlichen, ein Erfolg. Hervorzuheben ist hierbei vor allem die Netzwerkbildung untereinander im Sinne eines Peer-Mentoring, aber auch der Nutzen, den die Teilnehmerinnen aus den Qualifizierungsangeboten im Hinblick auf ihre Persönlichkeitsentwicklung nach eigenem Bekunden ziehen. So erreichen uns regelmäßig positive Rückmeldungen über erfolgreich verlaufene Bewerbungsverfahren, oder auch andere Karriereschritte, die die Wissenschaftlerinnen auch auf die Teilnahme am Mentoring-Programm zurückführen.

In die Zukunft gerichtet stehen momentan zwei Fragen im Zentrum der Diskussionen. Einmal werden derzeit Kriterien für eine aussagekräftige Evaluation des Projektes erarbeitet. Zum zweiten wird die Frage diskutiert, wie eine nachhaltige Mentoring-Struktur aussehen sollte. Erörtert wird in diesem Kontext, das Projekt zukünftig nicht mehr am Frauen- und Gleichstellungsbüro, sondern vielmehr im Geschäftsbereich Personal anzusiedeln. Es ist weiter daran gedacht, mittelfristig auch Wissenschaftler (Mentees und Mentoren) ins Programm aufzunehmen. Ein erster Schritt in die letztgenannte Richtung könnte die Weiterentwicklung der Kooperation mit der Charité sein, in dem Mentoren und Mentorinnen aus Göttingen eine Förderpartnerschaft mit Mentees aus Berlin eingehen.

Diskussionsprotokoll

Lewandowski: Ich habe eine Frage zum Matching, da beim Matching ja sehr über die Frage der Qualität entschieden wird, also wie gut das Mentoring dann hinterher funktioniert. Nach welchen Kriterien sind Sie dabei vorgegangen? Mich würden auch die Verfahren interessieren und welche Vorüberlegungen es dabei gab. Sollten es beispielsweise Mentor/innen aus den selben Bereichen sein, oder was war besonders wichtig?

Amend-Wegmann: Wir haben darauf geachtet, dass die Mentorinnen und Mentees nicht aus den selben Bereichen kommen. Weitere feste Kriterien für die Auswahl sind, dass keine Abhängigkeiten zwischen Mentorin und Mentee bestehen und dass mindestens ein Abstand von zwei beruflichen Hierarchiestufen vorliegt. Das heißt beispielsweise, dass wir für eine Ärztin im Praktikum mindestens eine Oberärztin finden mussten.

Zum eigentlichen Verfahren: Um teilnehmen zu können, mussten sich die Mentees zunächst schriftlich bewerben. Das Matching wurde dann nach einer Vorauswahl auf der Grundlage von Profilbögen, die sowohl die Mentorinnen als auch die Mentees ausfüllen mussten, von der Projektkoordinatorin Frau Heilmeier vorgenommen. Wir haben auch Mentorinnen gezielt angesprochen, wenn von der Mentee eine bestimmte Person gewünscht worden war und die oben genannten Kriterien ebenfalls erfüllt waren. Frau Heilmeier hat zusätzlich mit allen potentiellen Teilnehmerinnen - Mentees und Mentorinnen – Einzelgespräche geführt und den gesamten Prozess des ersten kennen Lernens sehr eng begleitet.

Daraus ist im übrigen auch die Erkenntnis für uns erwachsen, dass wir die Teilnehmer/innen noch besser auf Ihre Rolle vorbereiten müssen, als wir dies anfangs getan haben. Als Konsequenz daraus haben wir die Einführungsworkshops vor dem eigentlichen Matching neu konzipiert und auch das begleitende Informationsmaterial überarbeitet. Der Vorbereitung und qualifizierten Auswahl kommt auch nach unserer Erfahrung in der Tat eine sehr wichtige Bedeutung zu, wenn das Tandem erfolgreich arbeiten soll.

Vec: Ich habe eine Frage zum Zusammenhang zwischen den Geschlechterrollen und den Funktionen. Ich nehme dabei Bezug auf Ihre Folie über das Mentoringprojekt in den Humanwissenschaften. Sie haben als Zielgruppe Mentees und Mentorinnen, Schirmherrin ist die Prodekanin, dann haben Sie den Beirat, der mit Professorinnen besetzt ist. Männer kommen erst in der letzten Stufe hinzu. Ich hätte da gerne noch einige Auskünfte zu, auch vor dem Hintergrund meiner eigenen Rolle als Wissenschaftler. Wenn man selber Frauen in seinem Projekt hat und nun denkt, man möchte da fördernd auftreten: das kommt in Ihrem Modell ja nicht vor. Die produktive Rolle von Männern kommt in dem ganzen Projekt allenfalls am Rand vor oder eher in der negativen und unerwünschten Variante. Ist es so, dass die Idealförderung von Frauen sich im wesentlichen auch durch Frauen vollziehen soll?

Amend-Wegmann: Wir haben die Frage, ob wir unser Mentoring als reines Frauenprojekt ausgestalten oder von Anfang an auch Männer als Mentoren ansprechen, lange und intensiv mit verschiedenen Wissenschaftlerinnen, Ärztinnen und Studentinnen, also mit den Frauen, um die es geht, im Hause diskutiert. Die ganz überwiegende Mehrheit wünschte sich im ersten Schritt, dass wir ausschließlich Frauen als Mentorinnen ansprechen, weil der Erfahrungshintergrund einfach doch ein anderer ist. Im Beirat dagegen hat von Beginn an auch ein Professor mitgearbeitet.

Ich hatte ja darüber berichtet, dass wir gerade dabei sind, ein Folgeprojekt mit der Charité aufzubauen, in dem bisherige Mentorinnen, die alle kurz vor oder nach der eigenen Habilitation stehen, selbst in die Rolle als Mentee gehen und eine Förderpartnerschaft mit einer/m Mentor/in eingehen möchten. Für dieses Projekt wurden nun ganz bewusst auch Männer angesprochen und konnten auch gewonnen werden. Unter den Berliner MentorInnen finden sich sogar mehr Männer als Frauen. Dies ist natürlich auch unter rein pragmatischen Gesichtspunkten nötig gewesen, denn der Frauenanteil an Spitzenpositionen in der Hochschulmedizin ist ja – auch darauf hatte ich eingangs hingewiesen - noch immer verschwindend gering.

Aber wie gesagt, es war auch eine bewusste Entscheidung, in dieser Phase des Projektes erfolgreiche Männer einzubeziehen, damit auch deren Erfahrungen und Sichtweisen Eingang finden. Um es noch einmal allgemeiner zu formulieren: Die Frauenförderung ist aus meiner Sicht ganz eindeutig auch auf konstruktive Männer und deren Unterstützung angewiesen. Trotzdem war es rückblickend für unser Projekt richtig zunächst ausschließlich mit Frauen zu beginnen.

Niehoff: Ich kann da auch noch etwas zu berichten. Wir haben an der Uni Bremen auch ein Mentoringprojekt für Naturwissenschaftlerinnen auf dem Weg zur Professorin aufgelegt, und wir haben entschieden, dass die Mentees selber überlegen sollen, wen sie gerne als Mentor oder Mentorin hätten. Wir haben also bewusst beide Geschlechter mit hineingenommen und den Mentees gesagt: überlegt, was braucht ihr, und dann nehmen wir für Euch den Kontakt auf. Interessanterweise fiel die erste Wahl bei fast allen auf eine Frau, nur eine Mentee hat sich für einen Mann als Mentor entschieden. Ich hätte eigentlich erwartet, dass die Vorschläge doch gemischter sind.

In den Vorgesprächen ist mir aufgefallen, dass der Arbeitsalltag häufig männlich bestimmt erlebt wird, weil die meisten eben einen männlichen Arbeitsgruppenleiter oder Vorgesetzten haben, und dass deshalb in diesem Programm gezielt eine andere Konstellation gesucht wird und eine Frau als Gesprächspartnerin gewünscht wird. Ob das dann so gelingt und die Erwartungen in allen Fällen auch erfüllt werden, mag jetzt einmal dahingestellt sein, ich würde da zu diesem Zeitpunkt noch keine Schlüsse draus ziehen wollen – da müssen wir erst mal abwarten.

Mich würden aber noch Ihre Erfahrungen interessieren: Welche Themen wurden besonders häufig genannt, wo wurden besondere Schwierigkeiten gesehen?

Amend-Wegmann: Zu den am häufigsten thematisierten Problemen gehört sicher das der Vereinbarkeit von Familie und Beruf. Auch die Frage nach einer Doktorarbeit oder auch nach karriererelevanten Auslandsaufenthalten spielt eine wichtige Rolle. Daneben geht es aber auch häufig um Strategien beim Umgang mit Konflikten etwa mit Vorgesetzten oder aber auch um Vorgehensweisen im Hinblick auf wissenschaftliche Publikationen oder Drittmitteleinwerbung.

Webler: Ich möchte noch einmal zur Praxis der Förderung zurückkommen. Offenbar gibt es ja deutliche Wahrnehmungsunterschiede bei der Förderung durch Männer und der Förderung durch Frauen. Das hat sicherlich mit Geschlechtsrollenmustern und Aspekten der Sozialisation zu tun. Schutz und Fürsorge auf der einen Seite und Arbeit an der eigenen Profilierung auf der anderen Seite stehen da ja in einem gewissen Spannungsverhältnis und werden offenbar von beiden Geschlechtern unterschiedlich wahrgenommen.

Wir beobachten das gleiche auch in der Praxis der Lehre, d.h. Frauen sind stärker an Lehre interessiert als Männer, und zwar auffallend stärker. Die Fortbildungen werden von einem deutlich höheren Anteil an Frauen wahrgenommen als von Männern. Wenn Männer dann aber auch eher fürsorglich sind, ist es so, dass sie dann auch eine Menge bewegen können.

Amend-Wegmann: Im Hinblick auf die Hochschulmedizin kann ich dies insofern bestätigen, dass sich Frauen zumeist sehr in der Lehre engagieren und nicht selten damit auch mit mehr Erfolg als ihre männlichen Kollegen haben.

Dalhoff: Ich möchte hier aus der Erfahrung aus anderen übergreifenden Mentoringprogrammen bestätigen, dass Mentorinnen von Teilnehmerinnen in der Tat sehr erwünscht sind. Daneben spielt die Fachlichkeit aber eine sehr große Rolle, da die Situation im eigenen Fach sich ja immer anders darstellt als in den anderen Fächern. In den geschlossenen Mentoringprogrammen wie bei Ihnen in Göttingen hat man es darüber hinaus ja ohnehin einen Großteil der Zeit mit dem eigenen Vorgesetzten zu tun. Und hierbei ist wichtig, dass man sich dieser Person gegenüber nicht so gerne mit den eigenen vermeintlichen Schwächen und Unsicherheiten offenbaren will. Gute Erfahrungen haben wir deshalb damit gemacht, sich externe Expert/inn/en aus anderen Institutionen mit dazu zu nehmen, da man dann ungefährdeter ist, vertrauliche Themen anzusprechen.

Zechlin: Sie haben erwähnt, dass der Anteil der Habilitandinnen auf 20% gehoben werden konnte. Ich möchte vermuten, dass die Instrumente der Frauenförderung dafür mit verantwortlich gewesen sind. Deshalb möchte ich ganz allgemein fragen: Gibt es irgendwelche empirischen Untersuchungen über die Wirksamkeit dieser Instrumente?

Amend-Wegmann: Es gibt meines Wissens keine explizite empirische Wirkungsanalyse im Hinblick auf Instrumente der Frauenförderung. Zumindest ist mir keine bekannt. Es gibt aber durchaus systematische Bestandsaufnahmen. Wir selbst arbeiten gerade intensiv an unserem Evaluationsbericht und merken dabei wie schwierig es ist, hierfür die richtigen Kriterien zu entwickeln.

Konkret zu den Habilitationen kann ich nur sagen: wir haben es nicht näher untersucht, aber Fakt ist, dass sich die Anzahl der Habilitationen von Frauen seit Einführung vor allem der Habilitationsstipendien sehr deutlich erhöht hat. Zeitgleich haben wir eine Reihe anderer Instrumente der Frauenförderung etwa im

Hinblick auf Kinderbetreuung anbieten können, die sich sicher auch positiv ausgewirkt haben. Die Stipendien waren und sind aber nach meiner Erfahrung der eindeutig wichtigste Baustein. In Zukunft – dessen bin ich mir ganz sicher – wird auch unser Mentoring-Programm dazu einen positiven Beitrag leisten.

Perspektiven einer Personalentwicklung für Wissenschaftler/innen – Implementierung und Qualitätssicherung

Franziska Jantzen

Noch bilden jene deutschen Wissenschaftsorganisationen, die neue Ansätze der Ausbildung und Qualifizierung von Wissenschaftlerinnen erproben, nur eine kleine Gruppe, doch zeichnet sich allmählich eine Veränderung ab. Kannte man „Personalentwicklung" bislang nur als ein Instrument von Wirtschaftunternehmen und zunehmend auch Verwaltungen, das ihnen zu verbesserten Leistungen und einer neuen Qualität der Nachwuchsförderung verhelfen soll, nutzen zunehmend auch Hochschulen und Forschungseinrichtungen diese Möglichkeiten. Die damit verbundenen Suchbewegungen und Entwicklungsprozesse konnte ich als Wissenschaftsberaterin und Coach in einigen Projekten selbst aus erster Hand beobachten und begleiten. Andere erste Modelle habe ich mit Interesse verfolgt. Deutlich ist: Die Rahmenbedingungen für die Einführung von Personalentwicklung unterscheiden sich in Wissenschaft und Wirtschaft signifikant. Im Folgenden möchte ich die spezifischen Herausforderungen im Wissenschaftsbereich beschreiben und einige Ansätze für eine erfolgreiche Implementierung und Qualitätssicherung von Angeboten für die Wissenschaft formulieren. Der Fokus liegt dabei bei auf Personalentwicklung für Wissenschaftlerinnen und Wissenschaftler in der Qualifikationsphase.

1. Aufgaben und Ziele von Personalentwicklung für wissenschaftliches Personal

Die Aufgabe von Personalentwicklung liegt in der Entwicklung und im Angebot von Prozessen der Qualifizierung für konkrete Personen und bestimmte Zielgruppen in einer Organisation. Im Fokus stehen dabei die Anforderungen der Berufsrolle und das Entwicklungspotential der Individuen im Hinblick auf die Ziele der Organisation. Das heißt, Personalentwicklung dient zunächst der individuellen Kompetenzentwicklung für die einzelnen Aufgaben in einer Organisation.

Unter Kompetenzentwicklung ist nicht nur die Erweiterung des persönlich vorhandenen Fachwissens zu verstehen. Es geht vielmehr grade im Wissenschaftsbereich auch um die Fähigkeit zur Reflektion der eigenen Rolle, die Erweiterung des individuellen Handlungsspektrums und die Schulung von prozessorientiertem, zielbezogenen und strategischen Denken. Die spezifischen Anforderungen gehen hier deutlich über die bisher insbesondere in der Wirtschaft mit dem Begriff Schlüsselqualifikation bezeichneten Kompetenzen hinaus.

Personalentwicklung im Spannungsfeld

Idealerweise werden Personalentwicklungsprogramme unter Einbeziehung der Experten – nämlich der potentiellen Teilnehmerinnen und Teilnehmer – konzipiert. So kann sehr zielgenau auf die Potentialentwicklung der einzelnen Personen eingegangen werden. Die Angebote werden in der Regel für eine spezifische Zielgruppe entwickelt und in einen zeitlichen, inhaltlichen und organisationsbezogenen Kontext eingebunden.

Häufiger als solche integrierten Personalentwicklungsprojekte gibt es an deutschen Wissenschaftsorganisationen diverse Initiativen im Bereich der Weiterbildung von Wissenschaftler/innen, Angebote von Stiftungen, Weiterbildungszentren oder inneruniversitären Coachinganbietern. Hier sind in der Regel einzelne Module wie etwa Projektmanagement oder Drittmittel-Akquise für unterschiedlichste Interessenten belegbar, eine Einbindung in ein Gesamtkonzept findet selten statt.

Personalentwicklung für den Wissenschaftsbereich ist in Deutschland eben noch ein neues Feld. In anderen Ländern wie den Niederlanden, Großbritannien und den USA gibt es hingegen bereits gut ausgebaute Zentren, deren Aufgabe die Qualifizierung des wissenschaftlichen Personals ist.

Die dort gegebenen, ganz anderen Rahmenbedingungen – wie etwa die deutlich frühere Entfristung von Stellen – lassen es wohl nicht zu, diese Ansätze direkt auf deutsche Verhältnisse zu übertragen. Inspirierend können Ansätze wie z.B. das Close Monitoring in den Niederlanden jedoch gleichwohl sein. Hierbei werden jährlich Vereinbarungen über die Ziele der einzelnen Wissenschaftler/innen mit Vertretern der Fakultät und der Personalentwicklung getroffen. Es wird konkret verabredet, welche Forschungstätigkeit, Veröffentlichungen oder Projekte in der Lehre im Laufe des Jahres realisiert werden sollen. Die überprüfbaren Verabredungen betreffen nicht nur die Ziele, sondern auch die Rahmenbedingungen, die die notwendigen Voraussetzungen für die Erreichung der Ziele schaffen. Dieses Modell scheint für deutsche Verhältnisse aus den verschiedensten Gründen (noch) undenkbar. Zu denken geben mag jedoch der Bericht einer deutschen Wissenschaftlerin, die ihre Arbeit in den Niederlanden als sehr herausfordernd und arbeitsintensiv beschrieb, aber zugleich betonte, dass es auch ihre erfolgreichste und zufriedenstellendste Zeit gewesen sei, weil sie viel produktiver und besser als in Deutschland in die Fakultät eingebunden gewesen sei.

Es ist erkennbar: Personalentwicklung im Wissenschaftsbereich ist mit der jeweiligen Wissenschaftskultur des Landes verwoben und muss im Kontext der entsprechenden Organisation gedacht werden.

2. Herausforderungen für Wissenschaftsorganisationen, die Personalentwicklung für Wissenschaftler/innen implementieren wollen

2.1 Die Zielgruppe: Wissenschaftlerinnen und Wissenschaftler

Typisch für die Arbeitssituation von Wissenschaftler/innen in der Qualifikationsphase sind Zeitmangel und fehlende Kontinuität: Die Dauer des Verbleibs in der jeweiligen Organisation ist für diese Wissenschaftler/innen in der Regel befristet, was langfristige Personalentwicklungsprogramme deutlich erschwert. Auch die Bildung von Gruppen, in denen kontinuierlich miteinander gearbeitet wird, ist nicht immer einfach. Und je häufiger der Hochschulwechsel, desto größer ist die Wahrscheinlichkeit, dass die Betreffenden an den jeweiligen Personalentwicklungsangeboten nicht teilnehmen können, weil diese gerade auslaufen oder bereits begonnen haben.

Hinderlich ist nicht selten die Tatsache, dass Nachwuchswissenschaftler/innen in starker Abhängigkeit zu ihren Betreuer/innen stehen und intensiv in deren Belange eingebunden werden, was den Raum für die eigene Entwicklung einschränkt.

Kennzeichnend für die Persönlichkeit vieler Wissenschaftler/innen ist ein hoher Grad an Individualismus, vielfach eine hohe intrinsische Motivation für die eigene Arbeit sowie hohe Leistungserwartungen an sich und andere. Damit verbunden sind jedoch häufig auch Erfahrungen von Konkurrenz und für etliche, die nicht in gute Netzwerke eingebunden sind, auch von Einsamkeit. Die Herausforderung für Personalentwicklungsangebote liegt hier darin, an die Arbeitshaltung und den Erfahrungshintergrund dieser Zielgruppe anschlussfähig zu bleiben, ohne diese jedoch rückhaltlos zu übernehmen. So legen Wissenschaftler/innen ihren Schwerpunkt meist auf den Erwerb von Fachwissen – und sind nicht selten verunsichert, wenn sie sich mit Kommunikationsstrukturen oder andern überfachlichen Themen auseinander setzen müssen. Symptomatisch steht hierfür die von mir häufig erlebte Ungläubigkeit von Wissenschaftler/innen, wenn sie ein positives

Feedback erhalten, da diese Form der Rückmeldung für sie wenig vertraut ist. Ein Hintergrund hierfür mag die individuelle Sozialisation in einer Kultur der dauernden Begutachtung der wissenschaftlichen Leistungen sein. Kompetenzen etwa im Bereich der Führung und des Managements oder der Selbstverwaltung werden häufig zwar als notwendig empfunden, aber statusniedriger bewertet als die originär wissenschaftliche Tätigkeit. Dass die Erweiterung der Fähigkeiten auf diesem Feld auch zur Leistungssteigerung der wissenschaftlichen Tätigkeit beitragen kann, ist nicht für alle ersichtlich.

Eine weitere wesentliche Herausforderung für erfolgreiche Personalentwicklung ist der Bereich Gender und Diversity. Der niedrige Anteil von Frauen und von Wissenschaftler/innen mit Migrationshintergrund auf Professuren zeigt, dass für beide Zielgruppen unverändert unsichtbare Ausschlussmechanismen wirken – Mechanismen, die weniger auf der Ebene individueller Ablehnung und Anfeindung wirken (obwohl es auch diese selbstverständlich gibt) als auf der strukturellen Ebene. Folglich kann es hier nicht genügen, nur individuelle Angebote von Seiten der Personalentwicklung zu schaffen, sondern es müssen auch die Strukturen der Wissenschaftseinrichtungen verändert werden, um eine Öffnung zu erreichen.

Nicht zuletzt ist zu berücksichtigen, dass nicht alle ihr Leben lang als Wissenschaftler/innen arbeiten wollen oder können. Um das Feld der persönlichen Karriereplanung zwischen Hartz IV und W3 zu erweitern, kann und sollte es daher auch eine legitime Aufgabe der Personalentwicklung an Wissenschaftseinrichtungen sein, die Entwicklung von nichtwissenschaftlichen Exit-Optionen zu stützen.

2.2 Die Wissenschaftsorganisationen

Für Personalentwicklung ist es unabdingbar, die Ziele auf Seiten der Organisation zu berücksichtigen. Im Wissenschaftsbereich sind diese jedoch nicht immer deutlich erkennbar, häufig umstritten und befinden sich in den gegenwärtigen Umbauprozessen der Hochschulen zudem im Wandel. Selbst wenn Ziele präzise formuliert werden, bedeutet es noch nicht automatisch, dass diese in den Instituten und Fakultäten auch realisiert werden.

Ein anderer erschwerender Faktor kann das Fehlen von Leitlinien z.B. für den Bereich der Mitarbeiterführung sein. So ist es für Einzelne deutlich schwieriger, etwa ein Instrument wie das Mitarbeiter-Vorgesetzten-Gespräch zu etablieren, wenn dies dem Rest des Institutes noch fremd ist.

Eine weitere Herausforderung liegt im Anliegen von Personalentwicklung selbst: Wenn sie erfolgreich sein will und das heißt, Veränderungen bewirken will, wird damit bisher Gültiges in Frage gestellt. Das bedeutet fast notwendig eine Kollision mit bestehenden Macht- und Einflussstrukturen. Ein Ausdruck hiervon kann z.B. sein, dass die Ziele von Personalentwicklungsangeboten in einer Wissenschaftseinrichtung nicht unbedingt deckungsgleich sind mit den

Kriterien von Berufungskommissionen zur Auswahl von Professor/innen an dieser Einrichtung.

Wenn wir das Augenmerk auf die Hochschulen richten, bilden auch die Fakultäten einen wichtigen Faktor, denn sie werden durch neue Formen der Mittelvergabe und Übertragung von Aufgaben zunehmend eigenständiger. Sie müssen daher in die Personalentwicklungskonzeptionen einbezogen werden.

Ein letzter Punkt: Die finanziellen Ressourcen sind überall knapp und Personalentwicklung lässt sich nicht kostenneutral einführen. Die Mobilität der Wissenschaftler/innen – die einer Wissenschaftsbiografie in der Regel zugrunde liegt – kann dazu führen, dass Investitionen in Personen getätigt werden, die nicht bleiben. So gilt es darauf zu achten, dass nicht diejenigen Organisationen, die viel investieren, möglicherweise am wenigsten profitieren.

2.3 Die wissenschaftspolitischen Rahmenbedingungen

Die wissenschaftspolitischen Einflussfaktoren auf mögliche Personalentwicklungsprozesse sind zu vielfältig, um sie alle aufzuführen. Als Beispiele seien hier deshalb nur genannt: die Einführung der neuen Professorenbesoldung mit leistungsbezogener Mittelvergabe, die noch unklare Rolle der Juniorprofessur jetzt und zukünftig und das sich wandelnde Bild von wissenschaftlicher Tätigkeit insgesamt. All dies ist kennzeichnend für einen Umbruch in der wissenschaftlichen Landschaft und hat massive Auswirkungen auf die Situation des wissenschaftlichen Personals an Hochschulen und Forschungseinrichtungen. Hier stehen die noch jungen Initiativen im Bereich der Personalentwicklung vor der Herausforderung, sich ständig an veränderte Rahmenbedingungen anpassen zu müssen und mit neuen Konzepten den Umbruch aktiv mit zu gestalten.

3. Faktoren, die zu einer erfolgreichen Implementierung von Personalentwicklung für Wissenschaftler/innen beitragen können

Es gibt guten Grund anzunehmen, dass Seminarangebote, in denen Plätze nach dem Gießkannenprinzip verteilt werden, wenig nachhaltig wirken. Der gegenwärtig bessere Weg ist meiner Ansicht nach eine Konzentration der Ressourcen auf Modellprojekte, bei denen es wohlüberlegte Auswahlkriterien für die Teilnahme gibt.

Die Einbindung der jeweiligen Zielgruppen in die Angebotskonzeption erhöht sicherlich die Verbindlichkeit der Teilnahme. Darüber hinaus kann nur auf diesem Wege der konkrete Bedarf ermittelt werden. Das Design der Angebote kann zudem sehr dicht am realen Arbeitsalltag der Wissenschaftlerinnen und Wissenschaftler anschließen. Zusätzlich zu klassischen Seminarformen sind insbesondere Workshops und prozessbegleitende Lernsettings zu wählen, wie z.B. Forschungssupervision, Leitungssupervision, der gegenseitiger Besuch von Lehrveranstaltungen oder Bildung von Schreibgruppen. Aufgrund der hohen Konkurrenzsituation im Wissenschaftsbereich sollte es Möglichkeiten zur Nutzung von Einzelcoachings geben, in welchen im geschützten Rahmen beispielsweise auch persönliche Fragen im Zusammenhang mit der eigenen Karriereplanung besprochen werden können. Die Angebote müssen schließlich in Prozesse der Organisationsentwicklung eingebunden sein. Auch die betroffenen Fakultäten oder Institute sollten bei der Konzeption beteiligt werden, denn ohne deren Beteiligung ist mit Reibungsverlusten und im schlimmsten Fall sogar mit Blockaden von dieser Seite zu rechnen.

4. Die Bedeutung von Qualitätsentwicklung und Qualitätssicherung

Es gibt verschiedenste und auch sehr interessante Initiativen im Bereich Personalentwicklung in der Wissenschaft. Nach meiner Beobachtung sind jedoch bisher die wenigsten auf Dauer angelegt, denn eine Finanzierung im Rahmen der regulären Haushalte ist eine seltene Ausnahme. Vielmehr kommen z.B. im Bereich der Förderung von Wissenschaftlerinnen immer wieder befristete Bundes-, Landes- und EU-Mittel zum Einsatz.

Inwieweit all diese Ansätze und Modellprojekte evaluiert werden, ist mir nicht bekannt. Wahrscheinlich ist, dass vielfach Erfahrungen nach Beendigung der jeweiligen Laufzeit verloren gehen. Insgesamt ist davon auszugehen, dass der Lerneffekt für die Wissenschaftseinrichtungen in der Langzeitperspektive gering bleibt, wenn die Projekte nicht verstetigt werden. Personalentwicklungsmaßnamen sind im Wissenschaftsbereich großteils noch Neuland und stehen hier – anders als in weiten Teilen der Wirtschaft – noch unter hohem Legitimationszwang. Sie sind neu, sie stellen teils auch das bisher vorherrschende Modell der wissenschaftlichen Qualifikation und Karrierewege in Frage. Meine Vermutung ist, dass erfolgreiche Projekte mit einiger Wahrscheinlichkeit auch anecken. Umso mehr ist es wichtig, mit Hilfe der verschiedenen Akteure in diesem Feld Qualität zu definieren und Standards zu entwickeln. Grundlage wäre der Austausch und die gemeinsame Analyse der unterschiedlichen Erfahrungen, Erfolge und Schwierigkeiten an verschiedenen Standorten. Hierzu schlage ich die Bildung eines Netzwerks „Personalentwicklung für Wissenschaftlerinnen und Wissenschaftler" vor, mit dem Erfahrungen und Kompetenzen gebündelt und erweitert werden könnten.

5. Netzwerk „Personalentwicklung für Wissenschaftlerinnen und Wissenschaftler"

Mögliche Aktivitäten eines Netzwerks sind auf folgenden Ebenen vorstellbar:
- Durchführung von regelmäßigen Workshops und Arbeitsgesprächen, um den Austausch von Erfahrungen zu ermöglichen und gemeinsam Standards und Ziele von PE weiter zu entwickeln,

- Bildung von Expertenplattformen oder Arbeitsgruppen zu einzelnen Themenfeldern wie z.B. Mentoring oder Coaching von WissenschaftlerInnen,
- Gemeinsame Akquisition von Hochschul- und Institutionen übergreifenden Modell- und Verbundprojekten,
- Besetzung von Beiräten für PE-Programme. So könnte das Expertenwissen Einzelner in das Design neuer Projekte einfließen und es wäre möglich, ein gemeinsames Lernfeld für Akteure aus unterschiedlichen Hochschulen, Institutionen und Tätigkeitsfeldern zu schaffen.

Diskussionsprotokoll:

Mehrtens: Mir geht es um die Wertigkeit und die Verbindlichkeit der Maßnahmen und Förderprogrammen. Wir haben im Weiterbildungsbereich häufig große Probleme mit der Verbindlichkeit der Teilnahme gehabt. Die angebotsorientierten Weiterbildungsmaßnahmen riefen zunächst großes Interesse hervor, umfangreiche Anmeldungen für Kurse und Seminare folgten, die Teilnehmerzahlen waren jedoch häufig gegenüber dem artikuliertem Interesse und den Anmeldungen deutlich abfallend. Teilweise konnten organisierte Maßnahmen wegen nicht ausreichender Beteiligung – ohne vorherige Absage – nicht stattfinden. Auf dieser Grundlage ist eine systematische und kontinuierliche Förderung und Personalentwicklung nicht möglich. Mit aktiven Auswahlverfahren, offensiv kommunizierten Zielen, Erwartungen und Teilnahmebedingungen ist es in der Universität Bremen gelungen, die subjektiv empfundene Wertigkeit der Fördermaßnahmen und die Verbindlichkeit der Teilnahme deutlich zu erhöhen. Mich würde interessieren, welche Erfahrungen Sie diesbezüglich in Ihren Projekten gemacht haben, Frau Jantzen. Bei uns wurde die Ausrichtung der Fördermaßnahmen auf Zielgruppen und Organisationsziele sowie die aktive Auswahl von Teilnehmer/innen für Maßnahmen und Programme von nicht Wenigen als Ausgrenzung empfunden – der bisher freie Zugang zu Maßnahmen und Programmen wurde reglementiert – und als „Eliteförderung" diskreditiert. Wir haben mehrere Jahre gebraucht, um hier eine neue und aktiv gestaltete Förderkultur zu etablieren. Ich glaube, es war der richtige Weg: man muss zielorientiert fördern, bewusst zielgruppenorientiert auswählen und Schwerpunkte setzen. Notwendig sind aber auch eine offensive Kommunikation von Förderzielen und Maßnahmen in der Universität und die transparente Gestaltung eingesetzter Auswahlverfahren. Der zweite Punkt, der mir sehr wichtig ist und den ich als erfolgskritischen Faktor für eine wirkungsvolle Personalentwicklung betrachte, ist die Kontinuität. Förderung und Entwicklung erfordern Kontinuität. Einzelmaßnahmen können allenfalls Impulse setzen aber keine Förderung initiieren. Kontinuität in der Personalentwicklung erfordert auch eine organisatorisch klare Verortung. Die Verortung der Personalentwicklung in temporären Projekten und Stabsstellen ohne Entscheidungs- und mit begrenzter Handlungskompetenz ist allenfalls für eine erste Pilotphase tauglich. Notwendig ist m.E. die organisatorische Verortung der Personalentwicklung in den Hochschulen als klassische „Linienfunktion" mit engen Bezügen zur Hochschul- und Organisationsentwicklung. Insbesondere die umfänglichen Erfahrungen mit Gestaltungsprojekten des Programms „Humanisierung der Arbeit" Ende der 70er und Anfang der 80er Jahre zeigen, dass die in Projekten – meist ohne hinreichende Beteiligung der „Linienverantwortlichen" - entwickelten innovativen Organisationslösungen kaum nachhaltig waren, weil sie aus den Projekten heraus u.a. auch aufgrund fehlender Personalkontinuität und Linienverantwortung nicht in den Institutionen und Unternehmen verankert werden konnten. Auch angesichts dieser Erfahrungen bin ich der Auffassung, dass Kontinuität und die klare organisatorische Verortung für eine wirkungsvolle und nachhaltige Personalentwicklung notwendig sind. Dies ist eine große Herausforderung für Hochschulen, die u.a. ein klares Votum der Leitung und aktives Eintreten für eine aktive Personalentwicklung erfordert und auch notwendige Ressourcenbindungen akzeptiert. Wir haben in der Universität Bremen diesbezüglich erste positive Erfahrungen sammeln und uns ein Stück weit bewegen können.

Jantzen: Ich kann Ihnen in beiden Punkten nur zustimmen. Ich arbeite ab und an auch in Programmen, die sehr offen ausgeschrieben sind, und da haben Sie sehr heterogene, sehr diverse Gruppen, wo für manche das konkrete Seminarthema nicht relevant ist. Das stoppt und bremst natürlich die Zusammenarbeit und hält auch diejenigen zurück, die sagen, ich brauche das jetzt zur Weiterentwicklung in meiner Arbeit. Ich bin eine Vertreterin und Verfechterin von Auswahlkriterien. Darin liegt ja auch eine Schwelle der individuellen Entscheidung. Und zum zweiten: ich sehe in Deutschland natürlich auch viele Programme, in denen ich arbeite, die nicht fortgesetzt werden. Und all die Entwicklungsarbeit, die darin geleistet wurde, kann nicht mehr weiterwirken.

Fiedler: Ich kann das aus meiner Erfahrung nur unterstützen. Wir haben eine Reihe von Angeboten innerhalb der Doktorandenausbildung bei uns in der Stiftung entwickelt, die ähnliche Themen aufgreifen wie z.B. hier in Bremen. Zwei Dinge halte ich für zentral: Das ist zum einen ein Coachingkonzept, weil das noch mal neben all den anderen Maßnahmen, die notwendig sind, einen geschützten Raum bietet, und zwar direkt und personenbezogen, in dem in einem dialogischen Verhältnis gemeinsam entwickelt werden kann, wo jemand steht und wo will er hin. Das ist natürlich oft eine zeitlich begrenzte Intervention, aber ich halte das für eine ganz wichtige Ergänzung und zentral für das Gelingen von Promotionsprozessen. Das zweite, was man mit dazu nehmen muss, ist, dass es nicht nur eine auf die Personen bezogene Veranstaltung und Intervention bleibt. Man braucht eine lernförderliche Umwelt, in der das weiter geht. Und das können die rein auf die Person bezogenen Angebote nicht leisten – dann bleibt das so ein bisschen wie ein Hase und Igel-Spiel. Man muss parallel dazu eine Organisationsentwicklung betreiben, speziell für die Hochschulen und wissenschaftlichen Institutionen. Sie haben die widersprüchlichen Anforderungen ja teilweise erwähnt. Z.B. ein Konzept der kollegialen Beratung in einem hochkonkurrenten Umfeld einzuführen ist überaus schwierig, ich würde sagen, das funktioniert nur unter bestimmten Bedingungen, wenn es überhaupt funktioniert. Und diese sehr widersprüchlichen Elemente, die sozusagen die Organisationsstruktur bilden, die muss man noch mal genauer in den Blick nehmen. Sonst machen wir ganz viele Programme, wie Sie das eben geschildert haben, nehmen hier was auf und da was, und es verwässert sich.

Hülsmann: Wenn ich das fortführen darf, was Herr Fiedler gesagt hat, und das mit dem verbinde, was Sie gesagt haben, Herr Mehrtens, über die Grundfunktion Personalentwicklung, dann bedeutet das für mich einfach einen Schritt weiter zu gehen, als wir jetzt sind. Ich habe aber den Eindruck, wenn ich mich so umschaue in der Runde, wer hier diskutiert, so sind das nicht die Wissenschaftler. Personalentwicklung in der Wissenschaft ist etwas, was ein bisschen von außen herangetragen wird. Sie haben von Konzeptionen mit den Wissenschaftlern gesprochen, was ist denn mit dem Schritt davor, Sensibilisierung? Ich nehme ein Beispiel Ihres Vortrags: Ich arbeite mit einem gemischten Team und bin durch Ihren Beitrag dazu sensibilisiert worden, dass ich vielleicht meine Damen anders führen muss. Vielleicht ... weiß ich nicht. Ich sehe auch noch kein Problem, aber ich bin dafür sensibilisiert worden. Diese Sensibilisierung, das Akzeptanz schaffen, sowohl bei denen, die entwickelt werden sollen, als auch bei denen, die dazu einen Beitrag leisten, indem sie etwa Freistellung für die Teilnahme an Maßnahmen ermöglichen. Hier ist eine Verknüpfung zu schaffen zwischen zentralen vorgehaltenen Möglichkeiten und individueller Führung, zwischen Coaching, Mentoring und all diesen Elementen. Das fehlt, und dieser Schritt ist vorher zu leisten. Das zweite Bremer Arbeitsgespräch sollte also zwischen den Beteiligten zu führen sein. Denn es ist essentiell, das diejenigen, denen die Personalentwicklung eigentlich berufsimmanent ist, nämlich den Hochschullehrerinnen und Hochschullehrern, grundsätzlich sensibilisiert werden. Und darum kann es m. E. auch keine Verstetigung geben, weil es nicht in den produktiven Prozess Wissenschaft systematisch integriert ist.

Jantzen: Ich denke, was ich eben gesagt habe, kann auch nur für die Phase der wissenschaftlichen Qualifizierung gelten. Es stellen sich noch einmal andere Fragen für die Generation der Hochschullehrer, die schon seit einigen Jahren an den Hochschulen sind. Ich würde gerne noch etwas sagen zur Frage der Sensibilisierung. Wir haben ja im Programm „Anstoß zum Aufstieg" mit Hunderten von Wissenschaftlerinnen Bewerbungstrainings durchgeführt, und in dem Rahmen habe ich mit bestimmt 200 oder mehr Wissenschaftlerinnen im Rahmen von Einzelcoachings gesprochen. Wir haben durch dieses Projekt einen tiefen Einblick in die Situation von einzelnen Wissenschaftlerinnen gewinnen können. Und deutlich wurde: es gibt einen sehr großen Bedarf an Unterstützung. Und nicht, weil Wissenschaftlerinnen zu schwach oder nicht leistungsfähig sind, sondern weil tatsächlich viele Fragen offen sind, wo Strukturierung notwendig ist und wo es einen Austausch braucht. Ich glaube, es gibt eine Sensibilisierung im Sinne von einem individuell gefühlten Bedarf, aber konkret zu formulieren, wie Unterstützung aussehen sollte, ist manchmal noch schwer.

Amend-Wegmann: Ich möchte auch noch mal betonen, dass Einzel- und Gruppencoaching – wir haben beides angeboten – eine ganz wichtige Rolle gespielt haben im Programm. Zum zweiten möchte ich sagen, wir haben unser Qualifizierungsprogramm nicht allein und von außen entwickelt, sondern ich habe in einem Jahr in Einzelberatungen und Karriereberatungen die betroffenen Frauen gefragt. Alles, war wir entwickelt haben, ist entstanden auf Grundlage dessen, was die Wissenschaftlerinnen uns mitgeteilt haben. Und es ist nach wie vor so, dass wir uns jedes Jahr neu zusammensetzen mit den Kolleginnen und den Teilnehmerinnen und fragen: Was war gut? Was war schlecht? Was braucht Ihr? Das finde ich ganz entscheidend und das werden wir auch so weiter machen, weil es die Akzeptanz ganz deutlich erhöht. Und als letzten Punkt: ich denke, man wird die Erfahrungen der Frauen- und Gleichstellungsbüros nutzen müssen seitens der Universitäten. Wir haben wirklich viele praktische Erfahrungen in dem Bereich in den letzten Jahren gesammelt, die werden aber nicht überall in dem Maße, in dem es eigentlich nötig wäre, auch genutzt.

Niehoff: Mein Beitrag geht in eine ähnliche Richtung. Ich glaube auch, dass es im Gleichstellungsbereich schon relativ viel Erfahrung gibt, was das kommunikative Abgleichen mit den Bedürfnissen und Interessen der Beteiligten zumindest in mittelfristiger Perspektive angeht. Das hat immer wesentlich mit Kommunikation zu tun: zu fragen, was braucht ihr oder was habt ihr für Ideen, und dann zu sehen, was jeweils passt.

Abschlussdiskussion Teil II

Hubrath: Wir haben in diesem Teil des Arbeitsgesprächs eine gute Vorstellung von verschiedenen Ansätzen und Strategien gewonnen, mit denen Personalentwicklungsangebote für Wissenschaftler/innen in ganz unterschiedlichen Kontexten eingeführt und umgesetzt werden. Zugleich ist aber auch eine Reihe von Herausforderungen deutlich geworden, die im Rahmen solcher Pionierarbeit – und darum handelt es sich ja zur Zeit noch – bedacht und bewältigt werden müssen. Mehrfach angesprochen wurde etwa die Akzeptanz solcher meist extern herangetragener Angebote seitens der „betroffenen" Wissenschaftler/innen, damit einher geht die Frage, wie sich die Passgenauigkeit entsprechender Maßnahmen sicherstellen lässt, und mit Blick auf das Spektrum sämtlicher Beteiligter an PE-Prozessen wäre auch die Frage nach der jeweiligen Verantwortung auf den verschiedenen Ebenen – von den einzelnen Nachwuchswissenschaftler/innen bis hin zur Organisation auf der Ebene der Hochschulleitung – zu diskutieren.

Müller: Entscheidend ist die mittlere Ebene der Universitäten, also die Ebene der Institutsleitungen. Wenn Sie einen Blick werfen in die ein oder andere gute amerikanische staatliche Universität – die privaten können wir da mal vergessen, das ist eine andere Welt – dann haben Sie Personalentwicklungsprogramme von mindestens 40, 50 Seminaren im Jahr. Und man kann die Voraussetzungen dafür benennen: die Universitäten stehen unter Konkurrenzdruck. Das ist ein ganz wichtiger Punkt. Und: die haben eine hohe Flexibilität in der Entscheidung über ihre Personalstruktur. Das müssen wir uns vergegenwärtigen, und im Grunde müssten wir das auch hier mitdenken, wenn wir über die Einführung solcher Programme nachdenken.

Zechlin: Ich meine auch, es muss darüber hinaus gehen zu erfassen, was die Bedürfnisse der einzelnen sind. Im Grunde genommen müsste doch jeder, der eine Hochschullaufbahn einschlägt, gewisse Aspekte seiner Tätigkeit kennen und wissen, dass es tatsächlich Personalentwicklungsaspekte sind. Er muss dafür sensibilisiert werden und dabei eine aktive Rolle spielen. Ich denke da an das Beispiel von Herrn Webler mit der Lehre. Da lasse ich auch nicht gelten, dass das mit Älteren nicht gehen soll. Zielvereinbarungsgespräche sind auch in Konzernen eingeführt worden vor 10, 15 Jahren, da hatte vorher auch niemand drüber nachgedacht. Nur bedarf das natürlich gewisser organisatorischer Regelungen und Möglichkeiten der Flexibilisierung. Strategie, Organisationsentwicklung und Personalentwicklung müssen da Hand in Hand gehen. Und wenn sich die einzelne Universität da positionieren will in diesem Wettbewerb, muss ich entsprechende Strukturen, Anreizsysteme schaffen, Flexibilitäten und auch Ressourcen für die Umsetzung.

Schmitt: Herr Hülsmann, Sie haben mir da vorhin ein wunderbares Stichwort geliefert. Sie haben zunächst darauf hingewiesen, dass Sensibilitäten von Hochschullehrern noch viel stärker erreicht werden müssen, indem sie etwa auch bei solchen Gesprächen stärker miteinbezogen werden. Es gibt aber auch Sensibilisierungsbedarf auf der Ebene derer, die entwickelt werden sollen. Also der Lazarus – „er entwickelte ihn und setzte ihn in Gang" – der Lazarus muss auch erstmal angesprochen werden, um zu merken, dass er noch eingesponnen ist. Ich glaube, dass es auch möglich ist auf der Ebene von Doktoranden und Doktorandinnen, vielleicht auch mit fortgeschrittenen Studierenden. Und die haben ja bereits ihre Organisationseinheiten, seien es Arbeitsgruppen, Doktorandenkollegs oder Vernetzungen wie Thesis oder anderes. Die müssten da viel stärker mit einbezogen werden, um selber eine Nachfrage zu erzeugen und wiederum an ihre Hochschullehrer herantreten und sagen: Es kommt nicht nur darauf an, dass Du uns beibringst, wie man attische Inschriften interpretierst, sondern wir müssen anschließend auch irgendwo bestehen können. Möglicherweise im Wissenschaftsmarkt, aber möglicherweise auch anderswo. Für den Wissenschaftsmarkt würde ich ja fast unterstellen, dass es da vergleichsweise gut funktioniert in Betreuungsverhältnissen, weil die Reputation einzelner Hochschullehrer ja nicht zuletzt auch daran hängt, dass sie ihre Leute irgendwo platzieren können. Aber warum soll ich mich für jemanden einsetzen, der mir ganz klar sagt, dass er eigentlich nicht in der Wissenschaft bleiben will?

Zechlin: Das war ja auch der Punkt, dass immer auch der Rahmen stimmen muss, damit überhaupt Personalentwicklung stattfinden kann und nachgefragt wird. Zum Thema Wettbewerb: Hochschulen kämpfen ums Überleben in einem Wettbewerb. Wir haben gestern lange darüber diskutiert, warum sollen wir eigentlich Nachwuchswissenschaftler qualifizieren, wenn die doch woanders hingehen. Wenn man zum Bestandteil von Wettbewerb nicht nur Lehre und Forschung machen will in Rankings insbesondere, sondern die Reputation einer Universität auch davon abhängig machen könnte, wie sie ihren wissenschaftlichen Nachwuchs ausbildet, und das in Rankings offen legt, dann könnte das vielleicht den Widerspruch auflösen. Weil mein eigenes Renommee als Institution davon abhängt, dass ich gut ausbilde. In amerikanischen *graduate schools* soll sich das Renommee auch daran bemessen, wie viele der Absolventen im Anschluss eine Position als *assistant professor* bekommen. Bislang ist mir hier kein Ranking bekannt, das so etwas abbildet, also ein Medium, das tatsächlich Reputation im Wettbewerb der Universitäten verleiht. Das würde sicherlich eine Rahmensetzung bedeuten, die im weiteren eine nachrangige Personalentwicklung erzeugt, und nicht immer nur die Personalentwicklung in die Rolle versetzt herumzulaufen und etwas anzubieten.

Dalhoff: Auch hier lässt sich von der Gleichstellung lernen. Es gibt bereits ein Ranking nach Gleichstellungsaspekten, das genau den Einstieg in dieses Thema bietet. Dargestellt wird anhand quantitativer Indikatoren, was jede einzelne Hochschule für den Bereich Gleichstellung leistet und wie das Ergebnis in Bezug auf die verschiedenen Qualifizierungsstufen aussieht. Vom Ansatz her lässt sich das genau auf dieses Thema übertragen.

Mehrtens: Ich finde es wichtig, die Nachwuchsförderung zu bewerten, sie auch zu einem Maßstab für Reputation und Kompetenz einer Hochschule zu machen. Ich finde es aber nicht richtig, im Rahmen dieser Bewertung nur auf die erfolgreiche Förderung und Entwicklung für eine klassische wissenschaftliche Laufbahn zu schauen. Meines Erachtens wird wissenschaftliche Nachwuchsförderung viel zu sehr in eine Richtung gedacht und umgesetzt. Wir verkennen dabei, dass der überwiegende Anteil wissenschaftlicher Nachwuchskräfte in den Universitäten für eine hochqualifizierte Berufskarriere außerhalb der Hochschulen und Wissenschaftseinrichtungen und nicht für eine klassische wissenschaftliche Laufbahn entwickelt und gefördert werden muss. Dieser Sachverhalt sollte von den Trägern der Nachwuchsförderung und Personalentwicklung in den Universitäten anerkannt und in die Entwicklung und Umsetzung geeigneter Förderprogramme einfließen.
Zechlin: Ich möchte da ein Missverständnis beseitigen: Ich hatte mich nicht dafür ausgesprochen, den Erfolg von Nachwuchsförderung nur daran zu messen, wie viele Professoren daraus hervorgehen. Das wäre ein Kriterium neben anderen. Und die Ziele der Nachwuchsförderung müssten dann eben genau benannt werden und messbar und überprüfbar gemacht werden, und das wäre die Grundlage für solch ein Ranking. Dazu würde es ausreichen, dass jede Hochschule selber die Ziele für ihre Nachwuchsförderung benennt und definiert, und daran müsste sie sich dann auch messen lassen.
Mehrtens: Diese Position teile ich.
Walter: Ich hatte im Grunde in eine ähnliche Richtung argumentieren wollen wie Herr Zechlin. Wir haben gestern immer wieder aufgenommen, warum machen wir eigentlich Personalentwicklung? Das machen wir ja nicht an und für sich, sondern das hat eine Einbindung in die Organisationsentwicklung und das muss Hand in Hand gehen. Und das muss aus meiner Sicht auch ein Ziel der Organisation mit befördern. Wenn wir also Personalentwicklung im Wissenschaftsbereich betreiben, kann es der Universität auch zugute kommen und sich für den Wettbewerb positiv auswirken. Wenn wir z.B. sehen, wer bildet denn eigentlich in hervorragender Weise Nachwuchs aus, wo ist eine Talentschmiede, wo wirklich hochqualifizierte Wissenschaftler/innen rauskommen, die nicht nur fachwissenschaftlich hervorragend ausgewiesen sind, sondern auch in der ganzen Breite. Auch das kann eine Attraktivität der Universität ausmachen. Das müsste dann im Grunde auch in die Leitbilder der Universität übernommen werden, also auch von der Seite kann es sinnvoll sein, sich der Personalentwicklung zuzuwenden.
Dann möchte ich noch auf eine Frage eingehen, die immer wieder im Raum stand: wie implementiert man eigentlich Personalentwicklung vor dem Hintergrund der Schwierigkeit, dass ganz wichtige Träger der Personalentwicklung Hochschullehrer sind, die ganz andere Dinge im Kopf haben und sich darüber eher keine Gedanken machen? Hier müsste man tatsächlich ganz anders auf die einzelnen Hochschullehrer zugehen und sie in solche Prozesse miteinbeziehen. Ich bezweifle, dass es wirklich ausreicht, immer wieder Programme anzubieten, die dann besucht werden von Nachwuchswissenschaftlern oder auch nicht, weil es häufig eben auch als etwas Zusätzliches angesehen wird, das man wahrnehmen kann,

aber nicht muss. Durch eine direkte Ansprache der Hochschullehrer könnte man den Mentoring-Gedanken für die Implementierungsstrategie der Personalentwicklung vielleicht noch einmal vertiefen.
Webler: Ich wollte das noch einmal unterstreichen und erweitern. In dem Aufsatz, den ich Ihnen verteilt habe, werden genau deshalb die Förderbereiche für den Nachwuchs erweitert um praktische, eher informelle Förderung und Eingliederung des wissenschaftlichen Nachwuchses in die *scientific community*, und als weiteres, karrierestrategische Beratung und Unterstützung. Das heißt, wir sagen inzwischen, der Nachwuchs muss in dieser Richtung ausgebildet werden, um selber später einmal fördern zu können. Und damit sind sie Träger der Personalentwicklung. Wenn wir den Nachwuchs als künftige Hochschullehrer betrachten, müssen wir genau diese Dimension besser ausbilden.
Schmitt: Wir haben in den letzten Minuten darüber nachgedacht, wie sozusagen Anreizsysteme aufgesetzt werden können, über Rankings beispielsweise. Es wurde auf amerikanische Hochschulen hingewiesen, die messen, wie viele ihrer Absolventen *assistant professorships* bekommen. Da gibt es das Problem, dass man sich wieder nur alleine auf die Wissenschaft konzentriert. Was machen wir denn eigentlich mit unseren Alumni und Alumnae? Warum beziehen wir die nicht sehr viel stärker in diese Fragen ein und befragen sie im Abstand von gewissen Zeiträumen, wie sie weitergekommen sind und wie sie das, was sie an der entsprechenden Hochschule erlebt und gelernt haben, umsetzen konnten. Ob sie aufgrund dieser Erfahrungen möglicherweise eine Rückbindung an die Hochschule leisten können. Das wäre eine Seite. Auf der anderen Seite habe ich schon auf die Doktoranden hingewiesen. Der Druck kann auch dadurch erzeugt werden, wenn man ernst nimmt, was über die Hochschule hinaus konstituiert ist. Es gibt diesen Verein Juniorprofessur, der sich an der TU Clausthal gebildet hat, und die ja genau diese Dinge nachfragen. Und wenn die Hochschulen sich dessen annehmen und das als systematische Aufgabe, möglicherweise auch über die einzelne Hochschule hinaus, anpacken, dann kann die Entwicklung durchaus mit vorangetrieben werden.
Eisold: Ich will noch mal einen Schritt zurückgehen, warum wir Personalentwicklung überhaupt machen und ob wir dazu Anreizsysteme benötigen. Personalentwicklung ist ja kein Selbstzweck, sondern wir machen es deswegen, weil wir Ressourcen schaffen wollen. Ich komme ja ursprünglich aus der Industrie, und da betreiben wir Personalentwicklung, weil wir wollen, dass die Mitarbeiter mehr leisten können als zuvor. Für viele Instrumente brauchen Sie dabei noch nicht einmal gewaltige Mittel: Mitarbeitergespräche und verbindliche Zielvereinbarungen sollten in allen Bereichen ein Standard sein, dazu brauchen Sie kein zusätzliches Geld hintendran. Meiner Überzeugung nach muss das aus dem Selbstverständnis der Personalentwicklung funktionieren, dass man sagt: Personalentwicklung bringt per se etwas. Man muss dann natürlich unterscheiden zwischen Maßnahmen der kurzfristigen Personalentwicklung und der langfristigen Ausbildung und Qualifizierung eines Wissenschaftlers zum Hochschullehrer. Allerdings muss der ganze Prozess sehr stark von der Universitätsleitung getragen werden. Wenn

die nicht dahinter steht, kann der Personalentwickler strampeln, wie er will. Die Universitätsleitung bildet den Dreh- und Angelpunkt.

Fiedler: Ich möchte noch einmal an das anknüpfen, was Herr Webler gesagt hat. Die Doktoranden sind diejenigen, die später in der Wissenschaft, aber auch außerhalb der Wissenschaft Führungsaufgaben übernehmen werden. Und da muss an dieser Stelle spätestens eine nachhaltig wirksame Qualifizierung einsetzen, um auch auf solche Aufgaben vorzubereiten. Das heißt, wenn ein Graduiertenzentrum eingerichtet werden soll, muss dort ein begleitendes Angebot formuliert werden, das die Doktoranden nicht nur fachwissenschaftlich fördert, sondern auch darüber hinaus. Zur Zeit wissen wir jedoch noch nicht einmal, wie viele Doktoranden es gibt und wie lange sie an ihren Arbeiten sitzen und ob sie jemals abgeschlossen werden. Wir haben keine Zahlen in diesem Bereich, das wird nicht systematisch erhoben. Und eigentlich müsste jede Hochschule, jeder Fachbereich doch eine Information darüber haben, wer sitzt an welchem Institut, an welchem Lehrstuhl und strebt die Promotion an? Wie lange sitzt er daran und wie ist das Betreuungsumfeld organisiert? Und hier gehört meiner Meinung nach auch ein kräftiger Schuss Wettbewerb rein. Junge Leute müssen sich ihre Promotionsphase auch organisieren können: wo gibt es welche Angebote und wo ist nicht nur die fachliche Betreuung gegeben, sondern auch die anderen Faktoren. Und dabei haben *incentives* durchaus ihre Funktion. Warum soll sich ein Wissenschaftler intensiv um den Nachwuchs kümmern, welche Motive hat er, das zu tun? Reputation ist eine zentrale Größe im Wissenschaftssystem, und damit kann man viel machen. Es geht nicht nur um Geld.

Resümee und Ausblick

Mit dem 1. Bremer Arbeitsgespräch zur Personalentwicklung in der Wissenschaft konnte ein intensiver und gezielter Austausch unter Expert/inn/en zur Standortbestimmung über aktuelle Prozesse in der Personalentwicklung für Wissenschaftler/innen in Hochschulen und Forschungseinrichtungen initiiert werden.

Zunächst standen Fragen zu Karrierebildern und Karrierewegen von Wissenschaftler/innen unter sich verändernden Rahmenbedingungen sowie die Ziele und Leitbilder einer forschungspolitischen Positionierung wissenschaftlicher Nachwuchsförderung im Mittelpunkt der Diskussion.

Gearbeitet wurde außerdem zu erweiterten Kompetenzprofilen für Nachwuchswissenschaftler/innen, wobei u.a. auch Anleihen bei Personalentwicklungskonzepten der Industrie wie dem „Job-Family-Konzept" der Volkswagen AG genommen wurden. Schließlich bildeten die inhaltliche Konzeption und begriffliche Bestimmung einer gezielten wissenschaftlichen Nachwuchsförderung einen Fokus der Überlegungen: Was bedeutet und umfasst Personalentwicklung in der Wissenschaft im einzelnen und wo liegen die Unterschiede zur Weiterbildung? Welche Ziele werden damit verfolgt? Damit sollten auch Perspektiven hin zu Förderinitiativen geöffnet werden, die auf eine Karriere außerhalb von Wissenschaftseinrichtungen gerichtet sind oder einen „qualifizierten Ausstieg" aus dem Wissenschaftssystem begleiten.

Als zentral erwies sich eine Verständigung über mögliche Leitbilder für Wissenschaftler/innen und die Erhellung von Prozessen der Rollenfindung. Normen und Leitbilder werden je nach Disziplin unterschiedlich ausgebildet und prägen entsprechend auch die Rollen der Wissenschaftler/innen. Dabei handelt es sich meist nicht um offizielle Codes, sondern um informelle Regeln – Herr Vec spricht in diesem Zusammenhang sogar von „Manieren" – die es im Laufe der wissenschaftlichen Sozialisation zu erlernen gilt. Um wissenschaftlich Karriere machen zu können, ist die Beherrschung des „fachspezifischen Habitus" wesentlich. Hier stößt die systematische Personalentwicklung sicherlich an Grenzen, allenfalls können Mentoringprogramme sinnvoll fördernd und unterstützend wirken.

Insgesamt ist eine deutliche Erweiterung des Wissenschaftlerprofils gegenüber der Rolle eines traditionellen Fachgelehrten festzustellen. In Bewertungsprozesse zunehmend einbezogen werden dabei nicht nur Kenntnisse im Projektmanagement, Kommunikationskompetenz und Akquisefähigkeiten, sondern auch administratives und juristisches Wissen. Um alternative Karriereentwicklungen zugänglich zu machen, sollten Schnittmengen eines solchermaßen erweiterten Kompetenzprofils zu außerwissenschaftlichen Anforderungen ebenso gefördert werden wie selbst organisierte Lernprozesse zur Beherrschung des jeweils fachspezifischen Habitus. Hier gilt es Raum für individuelles Lernen zu schaffen und zu sichern. Zu wahren ist in allen Phasen der Qualifizierung eine Balance zwischen gezielter Förderung und selbst organisierter Entwicklung. Nicht alle Entwicklungsschritte sind einer systematischen Personalentwicklung zugänglich und entsprechend planbar. Es gehört Mut dazu, Raum für individuelle Kreativität und damit für offene und durchaus „anarchische" – im Sinne von nicht plan- und steuerbare – Elemente in der Personalentwicklung zuzulassen.

Deutlich wurde in der Diskussion und in Impulsreferaten, dass Alternativen zur klassischen Wissenschaftlerkarriere und damit ein mehrdimensionales Karrierebild stärker entwickelt und akzeptiert werden müssen – auch seitens der Wissenschaft. Wissenschaftsmanager sind keine gescheiterten Wissenschaftler, sondern hochqualifizierte Menschen mit spezifischen Kompetenzen. Fehlende Rollenprofile und unklare berufliche Perspektiven einerseits und ein verengter Blick auf den klassischen Wissenschaftsbereich andererseits setzen derzeit einer offensiven Entwicklung Grenzen. An dieser Stelle hat Personalentwicklung die Aufgabe zu informieren, neue Sichtweisen zu eröffnen und im Sinne eines Change Agent zusammen mit Wissenschaftler/innen die Initiierung zusätzlicher Perspektiven und Karrierewege zu befördern. Alternativen zur Professur sind dabei nicht nur hochschulintern zu entwickeln. In diesem Gestaltungsareal sind die Grenzen derzeit noch zu eng gefasst. Hier gilt es, die wissenschaftliche Werteskala zu erweitern. Neben dem Erlernen notwendiger „Manieren" für eine Wissenschaftlerkarriere kann z.B. auch die Vermittlung von unternehmerischem Denken und Entrepreneurship in der Förderung wissenschaftlicher Nachwuchskräfte Bedeutung erlangen.

Was können wir mit Blick auf die Umsetzung konzeptionell und praktisch von Unternehmen am Beispiel des Job-family-Konzepts der Volkswagen AG lernen? Hier begründen nicht formale Strukturen, sondern Prozessanforderungen unterschiedliche Kompetenzprofile und Entwicklungs- und Förderprogramme. Diese Sicht ist sicherlich hochgradig funktional im Hinblick auf den Aufbau von Kompetenzen für das Wissenschaftsmanagement. Aber auch für die wissenschaftliche Nachwuchsförderung kann sich eine konsequente Ausrichtung an jeweils zu entwickelnden Kompetenzprofilen – statt an Stellen – als sinnvoll erweisen. Die Fokussierung der Nachwuchsförderung in Unternehmen auf die Entwicklung von Managementkompetenzen in einem engen fachlichen Kontext definiert jedoch auch Grenzen der Adaption für Hochschulen. Fachkulturen und Disziplinen prägen hier spezifische und vielfältige Rahmenbedingungen für die Förderung von Nachwuchswissenschaftler/innen.

Entwicklungsperspektiven und Leitbilder innerhalb der wissenschaftlichen Nachwuchsförderung in Hochschulen müssen mit ihrer fachlichen Vielfalt sehr viel breiter gefächert sein als in Unternehmen. Dies um so mehr, wenn Hochschulen ihre Nachwuchsförderung sowohl für eine wissenschaftliche Laufbahn mit dem Berufsziel Professur wie auch für eine angemessene Karriere außerhalb des Hochschulbereichs ausrichten sollen und infolgedessen Kernkompetenzen und Profilierungen entwickeln müssen, die zusätzlich nach „außen" zeigen. Letzteres dürfte übrigens für die überwiegende Mehrheit der Nachwuchskräfte in den Hochschulen gelten. Infolgedessen muss neben der maßgeschneiderten Individualförderung in verschiedenen Qualifizierungsphasen die Entwicklung eines angemessenen Spektrums an Förderprogrammen stehen, die für unterschiedliche Perspektiven zielführend wirken. Dabei muss es wesentlich auch um eine ganzheitliche Förderung der so genannten *soft-skills* gehen.

In diesem Zusammenhang spielt der Faktor Vernetzung eine wichtige Rolle. Und zwar sowohl die Vernetzung der Nachwuchswissenschaftler/innen untereinander, als auch die für den beruflichen Erfolg nicht zu unterschätzende Vernetzung mit Trägern wissenschaftlicher und wirtschaftlicher Rollen. Personalentwicklung hat in diesem Zusammenhang eine wichtige Funktion bei der Initiierung entsprechender Netzwerke zur Förderung beruflich-strategischen Handelns. Gerade in diesem Bereich müssen für eine aktive Personalentwicklung jedoch noch weitere Erfahrungen gesammelt werden. Insbesondere der Bereich der außerwissenschaftlichen Netzwerke, in denen implizites Wissen erworben und spezifische Wertesysteme vermittelt werden, muss verstärkt erschlossen werden, um einen beruflich hochwertigen Einstieg wissenschaftlicher Nachwuchskräfte zu initiieren und zu ermöglichen. In diesem Zusammenhang kommt Mentoringprogrammen eine wichtige Mittler- und Brückenfunktion zu.

Schließlich wurde im Arbeitsgespräch auch der Bedarf nach einem Netzwerk von Personalentwicklern mit unterschiedlichem Profil und spezifischen Aufgaben hervorgehoben. Personalentwicklung ist nicht zwangsläufig nur an einem Ort in der Organisation angesiedelt, sondern erfordert eine breite Beteiligung in den Hochschulen auf unterschiedlichen Ebenen sowie ohne Einschränkungen eine Unterstützung der Leitung. Gerade die Diskussion über die Rolle der Personalentwicklung in Hochschulen für Strategiebildung und Hochschulentwicklung zeigt deutlich, dass über PE Entwicklungsimpulse gesetzt werden können, die Hochschulen in Bewegung bringen. Hier leistet Personalentwicklung einen aktiven Beitrag zur nachhaltigen Hochschulentwicklung.

Es stellt sich somit nicht mehr die Frage, ob Personalentwicklung in der wissenschaftlichen Nachwuchsförderung sinnvoll ist oder eher nicht. Sie lautet vielmehr: wie müssen Angebote und Maßnahmen der Personalentwicklung gestaltet werden, um eine breite Perspektive der Entwicklung zu ermöglichen, unterschiedliche Ziele zu verfolgen und eine Verbindung des „Innen" und „Außen" der Wissenschaft herzustellen? Unbedingt müssen hierbei Erfahrungen aus den Hochschulen und Forschungseinrichtungen weiter reflektiert werden; darüber hinaus sollten aber auch kreative und von üblichen Wegen eher abweichende Formen, Methoden und Partnerschaften erprobt werden, um der Vielfalt der Förderansprüche und -möglichkeiten gerecht zu werden.

Viele Fragen zur Personalentwicklung in der Wissenschaft konnten im Rahmen eines zweitägigen Arbeitsgesprächs nur kurz gestreift und nicht abschließend beantwortet werden. Hierzu sind ein regelmäßiger Erfahrungsaustausch, praktische Erfahrungen und weitere Workshops notwendig, um zu adäquaten Lösungen und Förderprogrammen für Wissenschaftler/innen zu finden.

Dieses Arbeitsgespräch hat einen aktiven Beitrag zur Vernetzung geleistet und den konstruktiven Austausch über Personalentwicklungsstrategien und Maßnahmen, über erste Erfahrungen und Perspektiven und letztlich auch über Visionen gefördert. Mit der Initiierung eines Netzwerks zur Personalentwicklung von Wissenschaftler/innen betrachten wir das 1. Bremer Arbeitsgespräch zur Personalentwicklung als einen Erfolg und zugleich als einen Einstieg in die kooperative Konsolidierung erfolgreicher Förderpraxen und Entwicklung neuer Förderperspektiven.

Anhang

Programm der Tagung

Modul 1:
Karrierewege von Wissenschaftler/innen unter sich verändernden Rahmenbedingungen – wie entsteht und wie verändert sich das (ein) Kompetenzprofil für Wissenschaftler/innen? Stellt die Professur das ausschließliche Karriereziel dar oder kann ein erweitertes Kompetenzprofil auch zusätzliche Karrierewege für hochqualifizierte Wissenschaftlerinnen außerhalb der traditionellen Wissenschaftseinrichtungen und Hochschulen eröffnen?

- Dr. Miloš Vec, Die Junge Akademie / Max-Planck-Institut für Europäische Rechtsgeschichte: Wissenschaftlerinnen im Qualifizierungsprozess: Kompetenzentwicklung, Rollenfindung und Möglichkeiten der Förderung
- Petra Hohnholz, BMBF: Forschungspolitik – Welches Karrierebild einer wissenschaftlichen Laufbahn bildet die Grundlage der Nachwuchsförderung?
- Dr. Jutta Fedrowitz, CHE: Möglichkeiten der Professionalisierung durch hochschulübergreifende Qualifizierungsangebote. Welche möglichen wissenschaftlichen Rollen und Karrierebilder liegen diesen Angeboten zugrunde?
- Dr. Margarete Hubrath, uni-support, Düsseldorf: Kompetenzfelder für die Wissenschaft
- Niels Bosse, Personalwesen Management VW Wolfsburg: Das Job-Family-Konzept der Volkswagen AG: Neue Perspektiven des prozess- und kompetenzorientierten Personalmanagements

Modul 2:
Personalentwicklung – eine gezielte Förderung von Wissenschaftler/innen. Lernen von Best Practise Beispielen – Strategien, Prozesse und Umsetzung. Welche Modelle wurden entwickelt und welche Erfahrungen wurden bei der Umsetzung gemacht?

- Klaus Eisold, Personalentwicklung Forschungszentrum Karlsruhe: Maßgeschneiderte Förderung für unterschiedliche wissenschaftliche Qualifizierungsphasen in einer Großforschungseinrichtung

- Dr. Martin Mehrtens, Universität Bremen: Personalentwicklung für Juniorprofessoren – Ein Beitrag zur individuellen Förderung und aktiven Hochschulentwicklung
- Prof. Dr. Michael Hülsmann, Universität Bremen: Chancen und Grenzen der Personalentwicklung für Juniorprofessoren aus Sicht eines Teilnehmers
- Dr. Christine Amend-Wegmann, Universitätsklinikum Göttingen: Mentoring – Erfahrungen mit einem Ansatz der systematischen und individuellen Förderung von Wissenschaftlerinnen
- Franziska Jantzen, entwicklungen, Hannover: Perspektiven einer Personalentwicklung für Wissenschaftler/innen – Implementierung und Qualitätssicherung

Modul 3;
Welche Rolle kommt der Personalentwicklung für Wissenschafter/innen in der Organisations- und Hochschulentwicklung zu?
These: Ohne Personalentwicklung keine Organisationsentwicklung –
Ohne klare Organisationsentwicklung ist Personalentwicklung ziel- und wirkungslos!

- Prof. Dr. Lothar Zechlin, Universität Duisburg-Essen: Die Hochschulleitung als Impulsgeber und Träger der Personalentwicklung. Welche Ziele werden verfolgt und warum wird in diese Maßnahmen „investiert"?
- Prof. Dr. Wilfried Müller, Universität Bremen: Der Weg der Universität zur „lernenden Organisation". Die Personalentwicklung wird zu einem „kritischen Erfolgsfaktor" der Hochschulentwicklung

Teilnehmer/innen der Tagung

Dr. Heide Ahrens-Radlanski, Universität Bremen, Dezernat 1, Akademische Angelegenheiten
Dr. Christine Amend-Wegmann, Universität Göttingen, Bereich Humanmedizin
Dr. Niels Bosse, Volkswagen AG Wolfsburg
Dr. Anjana Buckow, DFG, Nachwuchsförderung
Jutta Dalhoff, CEWS – Kompetenzzentrum Frauen in Wissenschaft und Forschung, Bonn
Klaus Eisold, Forschungszentrum Karlsruhe GmbH
Dr. Jutta Fedrowitz, CHE Centrum für Hochschulentwicklung, Gütersloh
Werner Fiedler, Hans-Böckler-Stiftung Düsseldorf, Leiter Promotionsförderung
Petra Hohnholz, BMBF-Bund
Dr. Margarete Hubrath, uni-support, Düsseldorf

Abschlussdiskussion Teil II

Hubrath: Wir haben in diesem Teil des Arbeitsgesprächs eine gute Vorstellung von verschiedenen Ansätzen und Strategien gewonnen, mit denen Personalentwicklungsangebote für Wissenschaftler/innen in ganz unterschiedlichen Kontexten eingeführt und umgesetzt werden. Zugleich ist aber auch eine Reihe von Herausforderungen deutlich geworden, die im Rahmen solcher Pionierarbeit – und darum handelt es sich ja zur Zeit noch – bedacht und bewältigt werden müssen. Mehrfach angesprochen wurde etwa die Akzeptanz solcher meist extern herangetragener Angebote seitens der „betroffenen" Wissenschaftler/innen, damit einher geht die Frage, wie sich die Passgenauigkeit entsprechender Maßnahmen sicherstellen lässt, und mit Blick auf das Spektrum sämtlicher Beteiligter an PE-Prozessen wäre auch die Frage nach der jeweiligen Verantwortung auf den verschiedenen Ebenen – von dem einzelnen Nachwuchswissenschaftler/innen bis hin zur Organisation auf der Ebene der Hochschulleitung – zu diskutieren.

Müller: Entscheidend ist die mittlere Ebene der Universitäten, also die Ebene der Institutsleitungen. Wenn Sie einen Blick werfen in die ein oder andere gute amerikanische staatliche Universität – die privaten können wir da mal vergessen, das ist eine andere Welt – dann haben Sie Personalentwicklungsprogramme von mindestens 40, 50 Seminaren im Jahr. Und man kann die Voraussetzungen dafür benennen: die Universitäten stehen unter Konkurrenzdruck. Das ist ein ganz wichtiger Punkt. Und: die haben eine hohe Flexibilität in der Entscheidung über ihre Personalstruktur. Das müssen wir uns vergegenwärtigen, und im Grunde müssten wir das auch hier mitdenken, wenn wir über die Einführung solcher Programme nachdenken.

Zechlin: Ich meine auch, es muss darüber hinaus gehen zu erfassen, was die Bedürfnisse der einzelnen sind. Im Grunde genommen müsste doch jeder, der eine Hochschullaufbahn einschlägt, gewisse Aspekte seiner Tätigkeit kennen und wissen, dass es tatsächlich Personalentwicklungsaspekte sind. Er muss dafür sensibilisiert werden und dabei eine aktive Rolle spielen. Ich denke da an das Beispiel von Herrn Webler mit der Lehre. Da lasse ich auch nicht gelten, dass das mit Älteren nicht gehen soll. Zielvereinbarungsgespräche sind auch in Konzernen eingeführt worden vor 10, 15 Jahren, da hatte vorher auch niemand drüber nachgedacht. Nur bedarf das natürlich gewisser organisatorischer Regelungen und Möglichkeiten der Flexibilisierung. Strategie, Organisationsentwicklung und Personalentwicklung müssen da Hand in Hand gehen. Und wenn sich die einzelne Universität da positionieren will in diesem Wettbewerb, muss ich entsprechende Strukturen, Anreizsysteme schaffen, Flexibilitäten und auch Ressourcen für die Umsetzung.

Schmitt: Herr Hülsmann, Sie haben mir da vorhin ein wunderbares Stichwort geliefert. Sie haben zunächst darauf hingewiesen, dass Sensibilitäten von Hochschullehrern noch viel stärker erreicht werden müssen, indem sie etwa auch bei solchen Gesprächen stärker miteinbezogen werden. Es gibt aber auch Sensibilisierungsbedarf auf der Ebene derer, die entwickelt werden sollen. Also der Lazarus – „er entwickelte ihn und setzte ihn in Gang" – der Lazarus muss auch erstmal angesprochen werden, um zu merken, dass er noch eingesponnen ist. Ich glaube, dass es auch möglich ist auf der Ebene von Doktoranden und Doktorandinnen, vielleicht auch mit fortgeschrittenen Studierenden. Und die haben ja bereits ihre Organisationseinheiten, seien es Arbeitsgruppen, Doktorandenkollegs oder Vernetzungen wie Thesis oder anderes. Die müssten da viel stärker mit einbezogen werden, um selber eine Nachfrage zu erzeugen und wiederum an ihre Hochschullehrer herantreten und sagen: Es kommt nicht nur darauf an, dass Du uns beibringst, wie man attische Inschriften interpretiert, sondern wir müssen anschließend auch irgendwo bestehen können. Möglicherweise im Wissenschaftsmarkt, aber möglicherweise auch anderswo. Für den Wissenschaftsmarkt würde ich ja fast unterstellen, dass es da vergleichsweise gut funktioniert in Betreuungsverhältnissen, weil die Reputation einzelner Hochschullehrer ja nicht zuletzt auch daran hängt, dass sie ihre Leute irgendwo platzieren können. Aber warum soll ich mich für jemanden einsetzen, der mir ganz klar sagt, dass er eigentlich nicht in der Wissenschaft bleiben will?

Zechlin: Das war ja auch der Punkt, dass immer auch der Rahmen stimmen muss, damit überhaupt Personalentwicklung stattfinden kann und nachgefragt wird. Zum Thema Wettbewerb: Hochschulen kämpfen ums Überleben in einem Wettbewerb. Wir haben gestern lange darüber diskutiert, warum sollen wir eigentlich Nachwuchswissenschaftler qualifizieren, wenn die doch woanders hingehen. Wenn man zum Bestandteil von Wettbewerb nicht nur Lehre und Forschung machen will in Rankings insbesondere, sondern die Reputation einer Universität auch davon abhängig machen könnte, wie sie ihren wissenschaftlichen Nachwuchs ausbildet, und das in Rankings offen legt, dann könnte das vielleicht den Widerspruch auflösen. Weil mein eigenes Renommee als Institution davon abhängt, dass ich gut ausbilde. In amerikanischen *graduate schools* soll sich das Renommee auch daran bemessen, wie viele der Absolventen im Anschluss eine Position als *assistant professor* bekommen. Bislang ist mir hier kein Ranking bekannt, das so etwas abbildet, also ein Medium, das tatsächlich Reputation im Wettbewerb der Universitäten verleiht. Das würde sicherlich eine Rahmensetzung bedeuten, die im weiteren eine nachrangige Personalentwicklung erzeugt, und nicht immer nur die Personalentwicklung in die Rolle versetzt herumzulaufen und etwas anzubieten.

Dalhoff: Auch hier lässt sich von der Gleichstellung lernen. Es gibt bereits ein Ranking nach Gleichstellungsaspekten, das genau den Einstieg in dieses Thema bietet. Dargestellt wird anhand quantitativer Indikatoren, was jede einzelne Hochschule für den Bereich Gleichstellung leistet und wie das Ergebnis in Bezug auf die verschiedenen Qualifizierungsstufen aussieht. Vom Ansatz her lässt sich das genau auf dieses Thema übertragen.

Prof. Dr. Michael Hülsmann, Universität Bremen, Fachbereich Wirtschaftswissenschaften
Franziska Jantzen, entwicklungen – Büro für individuelle Karrierestrategien, Wissenschafts- und Organisationsberatung, Hannover
Gerd-Rüdiger Kück, Universität Bremen, Kanzler
Claus Lewandowski, Universität Bremen, Dezernat 5, Personalentwicklung
Dr. Martin Mehrtens, Universität Bremen, Dezernat 5, Organisation, Personalentwicklung, IT, Zentrale Dienste
Prof. Dr. Wilfried Müller, Universität Bremen, Rektor
Anneliese Niehoff, Universität Bremen, Arbeitsstelle Chancengleichheit
Prof. Dr. Tassilo Schmitt, Universität Bremen, Fachbereich Sozialwissenschaften
Dr. Carolin Schöbel-Peinemann, Carl- von Ossietzky-Universität Oldenburg, Personal- und Organisationsentwicklung
Dr. Sabine Schoefer, BBH-Beratergruppe, Bremen
Manfred Schürz, Universität Bremen, Personalrat
Anja Tillmann, Universität Bochum, Dezernat 8, Personalentwicklung
PD Dr. Miloš Vec, Die Junge Akademie / Max-Planck-Institut für Europäische Rechtsgeschichte
Gerlinde Walter, Carl- von Ossietzky-Universität Oldenburg, Vizepräsidentin für Verwaltung
Prof. Dr. Wolff-Dietrich Webler, Universität Bielefeld, Interdisziplinäres Zentrum für Hochschuldidaktik (IZHD)
Prof. Dr. Lothar Zechlin, Universität Duisburg-Essen, Rektor

Verzeichnis der Autorinnen und Autoren

Dr. Christine Amend-Wegmann: Dipl. Volkswirtin (Studium der VWL und Sozialpolitik in Marburg), Promotion zum Thema „Vereinbarkeitspolitik in Deutschland aus der Sicht der Frauenforschung" in der VWL, von 1995 bis 2001 Wissenschaftliche Mitarbeiterin am Institut für Sozial- und Wirtschaftsgeschichte der Philipps-Universität Marburg, von 09/2001 bis 05/2005 Hauptberufliche Frauen- und Gleichstellungsbeauftragte am Bereich Humanmedizin (Klinikum und Medizinische Fakultät) der Georg-August-Universität Göttingen, seit 01. Juni 2005 Leiterin des Bereichs Personalmarketing im Geschäftsbereich Personal im Ressort Wirtschaft und Verwaltung des Bereichs Humanmedizin.

Dr. Niels Bosse: Dipl.-Wirtschaftsjurist (FH), hat am Lehrstuhl für Entscheidung und Organisation der Universität Lüneburg mit einer Dissertation über „Die Job-Family-Cluster-Organisation - eine prozess- und kompetenzorientierte Unternehmensstruktur" promoviert. Er ist im Zentralen Personalwesen der Volkswagen Bank GmbH als Teamleiter für Grundsätze/Stab verantwortlich. Vorher war er im Personalwesen Management der Volkswagen AG u.a. als Projektleiter für das Job-Family-Konzept zuständig.

Klaus Eisold: Diplom-Ökonom: Studium Wirtschaftswissenschaften an der Universität Kassel mit dem Schwerpunkt Personalwirtschaft und Auslandsaufenthalten in Indien und Botswana; von 1990 bis 1997 Leiter Personalentwicklung bei Deutsche Rockwool Mineralwoll GmbH in Gladbeck und Hedehusene (Dänemark), 1998 bis 1999 Personalreferent und stellv. Personalleiter beim Dresdner Druck- und Verlagshaus, seit 2000 Leiter Personalplanung, -entwicklung und Soziales und stellv. Personalleiter beim Forschungszentrum Karlsruhe GmbH.

Dr. Jutta Fedrowitz: CHE Centrum für Hochschulentwicklung, Projektleiterin "Hochschulkurs – Fortbildung für das Wissenschaftsmanagement", weitere Arbeitsgebiete: Konzeption und Organisation von Konferenzen, Fortbildungs-Workshops, Herausgabe von Publikationen, PR für Forschungseinrichtungen. Von 1995-1998 leitete sie das CHE-Projekt „Vergleichender Studienführer Chemie und Wirtschaftswissenschaften" mit der Stiftung Warentest. Von 1989-1994 war sie am Wissenschaftszentrum Nordrhein-Westfalen in Düsseldorf verantwortlich für den Arbeitsbereich Natur-, Ingenieur- und Biowissenschaften sowie für interdisziplinäre Kongresse und Workshops im Dialog zwischen Wissenschaft, Wirtschaft, Politik und Kultur. Zuvor war sie von 1986-1989 als Laborleiterin Biochemische Grundlagenforschung bei der August Storck KG tätig. Ihre Dissertation in Biochemie fertigte sie 1986 nach einem Studium der Chemie mit Biologie und Philosophie als Nebenfächern an der Universität Bielefeld an.

Petra Hohnholz: Juristin, Regierungsdirektorin, Studium der Rechtswissenschaften in Osnabrück und Leiden/NL, seit September 2003 Leiterin des Referats „Wissenschaftlicher Nachwuchs" im Bundesministerium für Bildung und Forschung (BMBF). Zuvor Referentin für Forschungs- und Wissenschaftspolitik im Bundeskanzleramt und im Bereich Raumfahrtmanagement im BMBF. Seit April 2006 Leiterin des Referats „Übergreifende Fragen der Nachwuchsförderung, Begabtenförderung".

Dr. Margarete Hubrath: Literaturwissenschaftlerin (Mediävistik) und Leiterin von uni-support / Institut für Hochschulberatung, Düsseldorf. Tätigkeitsschwerpunkte: Personalentwicklung in der Wissenschaft, Coaching, Seminare und Karriereberatung; zertifizierter Coach für Einzelpersonen und Teams (ISP/DGfC), Gründungsmitglied von Coachingnetz-Wissenschaft. Forschungs-, Lehr- und Gremienerfahrung an den Universitäten Bonn, Siegen und Chemnitz, 1998-2000 dort ehrenamtliche Gleichstellungsbeauftragte. Mitglied des Historisch-Kulturwissenschaftlichen Forschungszentrums „Wissensräume im Mittelalter und der Frühen Neuzeit" der Universitäten Mainz/Trier mit einem Projekt zur Genese der neuzeitlichen Gelehrtenrolle.

Prof. Dr. Michael Hülsmann (Jg. 1968) studierte nach Abitur, beruflicher Ausbildung und Tätigkeit als Industriekaufmann Betriebswirtschaftslehre an der Universität Bayreuth. Nach seinem Abschluss als Diplom-Kaufmann war er dort als wissenschaftlicher Mitarbeiter am Lehrstuhl für Finanzwirtschaft und Organisation (Prof. Dr. Dr. h.c. P. R. Wossidlo) tätig und wechselte dann nach Bremen, wo er bei Prof. Dr. G. Müller-Christ (Nachhaltiges Management) seine Dissertation zum »Management im Orientierungsdilemma« mit Summa cum laude abschloss und für die er den Studienpreis des Fördervereins für Mittelstandsforschung e.V. erhielt. Seit Juli 2003 leitet er das vom Stifterverband für die Deutsche Wissenschaft geförderte Fachgebiet »Management Nachhaltiger Systementwicklung«. Seit März 2006 leitet Prof. Hülsmann zusammen mit zwei weiteren Kollegen das Institut für Strategisches Kompetenzmanagement. Er ist Vorstandsmitglied des SFB 637 »Selbststeuerung logistischer Prozesse – ein Paradigmenwechsel und seine Grenzen« und Mitglied des Kompetenzzentrums »Logistik und Wertschöpfung« des Fachbereichs »Wirtschaftswissenschaft«. Prof. Hülsmann gehört zudem dem Forschungsverbund Logistik (FOLO) und der International Graduate School »Dynamics in Logistics« an. Des Weiteren ist der Mitglied im MobileResearch-Center, das sich vor allem mit der Entwicklung und Anwendung mobiler Technologien befasst. Neben seiner wissenschaftlichen Ausbildung und Arbeit war Prof. Hülsmann auch für zahlreiche Unternehmen tätig. Sein Arbeitsschwerpunkt ist das Themenfeld des»Strategischen Managements«. Insbesondere stehen Fragen der Entstehung & Gestaltung von Strukturen und Prozessen durch Selbstorganisation, strategischer Krisen & strategischen Wandels, interorganisationalen Lernens & der Kompetenzentwicklung in Kooperationen sowie der strategischen Performance-Messung und von Dilemmata zwischen Effizienz und Nachhaltigkeit im Fokus seiner Arbeit. Den Schwerpunkt der Anwendungsfelder, mit denen er sich beschäftigt, bilden Logistik, Mobile Solutions und Dienstleistungsunternehmen.

Franziska Jantzen: Seit 2000 selbstständig als Organisationsberaterin u. Coach. Studium der Rechtswissenschaften in Bremen und Newark, NJ, USA (2. Staatsexamen), Ausbildungen im Bereich Managementtraining und Coaching (Core Dynamik Institut GmbH) und als Organisationsberaterin – IHK (Volkswagen Coaching GmbH). Von 1992 – 1999 im Stab der Uni Bremen, Arbeitsstelle Chancengleichheit. Arbeitsschwerpunkte: Begleitung von Veränderungsprozessen in Organisationen, Personalentwicklungskonzepte für die Wissenschaft, Karriereplanung und Bewerbungstraining für Wissenschaftler/innen, Einzelcoaching und Karriereberatung, Seminare für Führungskräfte in Wirtschaft, Wissenschaft und Verwaltung.

Dr. Martin Mehrtens: Ltd. Reg. Direktor und Dezernent für Organisation, Personalentwicklung, IT und Zentrale Dienste in der Universität Bremen. Studium der Sozial- und Wirtschaftswissenschaften mit den Schwerpunkten Organisation, Projektmanagement und Personalwirtschaft. Arbeitsschwerpunkte in der Personalentwicklung: Strategische Personalentwicklung in Wissenschaftsorganisationen, Führungskräfteentwicklung in der Universität, Führungsnachwuchskräfteförderung, Förderung für Juniorprofessoren, Begleitung und Förderung wissenschaftlicher Führungskräfte in der Entwicklung so genannter „außerfachlicher" Kompetenzen, Entwicklung wissenschaftlicher Mitarbeiter und Doktoranden für eine berufliche Karriere, Erschließung von Instrumenten wie Mentoring, Coaching und Qualitätszirkel für eine gezielte Personalentwicklung in Hochschulen, Wissensmanagement.

PD Dr. Miloš Vec ist Privatdozent am Fachbereich Rechtswissenschaften der Universität Frankfurt am Main und Mitarbeiter am Max-Planck-Institut für europäische Rechtsgeschickte. 1999-2004 war er Leiter einer selbständigen wissenschaftlichen Nachwuchsgruppe der Max-Planck-Gesellschaft „Recht in der Industriellen Revolution". Mitglied der „Jungen Akademie" an der Berlin-Brandenburgischen Akademie der Wissenschaften und der Deutschen Akademie der Naturforscher Leopoldina 2000-2005. Habilitation für die Fächer Neuere Rechtsgeschichte, Rechtsphilosophie, Rechtstheorie und Zivilrecht. Publikationen (in Auswahl): Zeremonialwissenschaft im Fürstenstaat. Studien zur juristischen und politischen Theorie absolutistischer Herrschaftsrepräsentation, Frankfurt 1998; Die Spur des Täters. Methoden der Identifikation in der Kriminalistik (1879-1933), Baden-Baden 2002; Ethisierung – Ethikferne. Wieviel Ethik braucht die Wissenschaft?, (hrsg. zus. mit Eva-Maria Engelen und Katja Becker-Brandenburg), Berlin 2003; „Selbstorganisation. Ein Denksystem für Natur und Gesellschaft" (hrsg. zus. mit Marc-Thorsten Hütt und Alexandra M. Freund), Köln und Weimar 2005; Recht und Normierung in der Industriellen Revolution. Neue Strukturen der Normsetzung in Völkerrecht, staatlicher Gesetzgebung und gesellschaftlicher Selbstnormierung", Frankfurt 2005.

BÜCHER UND HEFTE DES UVW-VERLAGES

Alle Bücher des UVW-Verlages können Sie im Buchhandel
oder direkt beim Verlag bestellen:
per E-Mail: info@universitaetsverlagwebler.de
per Fax: 0521 - 923 610-22
per Telefon: 0521 - 923 610-12

Ausführlichere Informationen zu unseren Publikationen finden Sie auf der
Verlags-Homepage: www.universitaetsverlagwebler.de

Reihe 1: Allgemeine Hochschulforschung und Hochschulentwicklung

- Battke, K./ Cremer-Renz, Ch. (Hg.): **Hochschulfusionen in Deutschland: Gemeinsam stark?! Hintergründe, Perspektiven und Portraits aus fünf Bundesländern.** Bielefeld 2006 - ISBN 3-937026-49-5 - 159 S. - 22.00 €
- Blom, H.: **Der Dozent als Coach.** Neuwied 2000 - ISBN 3-937026-15-0 - 123 S. - 15.90 €
- Bretschneider, F./ Pasternack, P.: **Handwörterbuch der Hochschulreform.** Bielefeld 2005 - ISBN 3-937026-38-X - 221 S. - 27.70 €
- Craanen M./ Huber, L. (Hg.): **Notwendige Verbindungen. Zur Verankerung von Hochschuldidaktik in Hochschulforschung.** Bielefeld 2005 - ISBN 3-937026-39-8 - 149 S. - 19.90 €
- Cremer-Renz, C./ Donner, H.: **Die innovative Hochschule. Aspekte und Standpunkte.** Bielefeld 2006 - ISBN 3-937026-42-8 195 S. - 26.00 €
- Goerts, W. (Hg.): **Projektveranstaltungen in den Sozialwissenschaften.** Bielefeld 2003 - ISBN 3-937026-01-0 - 98 S.- 14.00 €
- Goerts, W. (Hg.): **Projektveranstaltungen in Mathematik, Informatik und Ingenieurwissenschaften.** Bielefeld 2003 - ISBN 3-937026-00-2 - 142 S. - 18.70 €
- Gützkow, F./ Quaißer, G. (Hg.): **Hochschule gestalten. Denkanstöße aus Hochschulpolitik und Hochschulforschung. Festschrift zum 60. Geburtstag von Gerd Köhler.** Bielefeld 2004 - ISBN 3-937026-30-4 - 375 S. - 28.00 €
- Gützkow, F./ Quaißer, G. (Hg.): **Jahrbuch Hochschule gestalten 2005. Denkanstöße zum Bologna-Prozess.** Bielefeld 2005 - ISBN 3-937026-41-X - 235 S. - 19.90 €
- Hanft, A. (Hg.): **Grundbegriffe des Hochschulmanagements.** Bielefeld 2004 2. Auflage - ISBN 3-937026-17-7 - 525 S. - 34.20 €
- Hanft, A. (Hg.): **Hochschulen managen?** Neuwied 2000 - ISBN 3-937026-06-1 - 272 S. - 30.00 €
- Hanft, A./ Müskens, I. (Hg.): **Bologna und die Folgen für die Hochschule.** Bielefeld 2005 - ISBN 3-937026-33-9 - 80 S. - 11.70 €
- Hoffacker, W.: **Die Universität des 21. Jahrhunderts.** Neuwied 2000 - ISBN 3-937026-05-3 - 239 S. - 24.50 €
- v. Holdt, U./ Stange, Chr./ Schobel, K. (Hg.): **Qualitative Aspekte von Leistungspunkten: Chancen von Bachelor- und Masterstudiengängen.** Bielefeld 2005 - ISBN 3-937026-35-5 - 154 S. - 19.90 €
- IZHD Hamburg (Hg.): **Master of Higher Education.** Bielefeld 2004 - ISBN 3-937026-25-8 - 239 S. - 22.80 €

- *Kruse, O./ Jakobs, E-M./ Ruhmann G.:* **Schlüsselkompetenz Schreiben.** Bielefeld 2003 - 2. Auflage - ISBN 3-937026-07-X - 333 S. - 33.30 €
- *Michelsen, G./ Märkt, S. (Hg.):* **Persönlichkeitsbildung und Beschäftigungsfähigkeit - Konzeptionen von General Studies und ihre Umsetzungen.** Bielefeld 2006 - ISBN 3-937026-46-0 - 152 S. - 19.80 €
- *Michl, W./ Krupp, P./ Stry, Y. (Hg.):* **Didaktische Profile der Fachhochschulen.** Neuwied 1998 - ISBN 3-937026-24-X - 145 S. - 9.95 €
- *Oehler, C.:* **Staatliche Hochschulplanung in Deutschland.** Neuwied 2000 - ISBN 3-937026-13-4 - 400 S. - 35.00 €
- *Orth, H.:* **Schlüsselqualifikationen an deutschen Hochschulen.** Neuwied 1999 - ISBN 3-937026-08-8 - 121 S. - 14.00 €
- *Pasternack, P.:* **Politik als Besuch. Ein wissenschaftspolitischer Feldreport aus Berlin.** Bielefeld 2005 - ISBN 3-937026-40-1 - 253 S. - 29.70 €
- *Schröder-Gronostary, M./ Daniel, H-D. (Hg.):* **Studienerfolg und Studienabbruch.** Neuwied 2000 - ISBN 3-937026-16-9 - 254 S. - 29.50 €
- *Schulze-Krüdener, J./ Homfeld, H-G. (Hg.):* **Praktikum - eine Brücke schlagen zwischen Wissenschaft und Beruf.** Bielefeld 2003 - 2. Auflage - ISBN 3-937026-04-5 - 220 S. - 22.00 €
- *Schwarz, S./ Teichler, U. (Hg.):* **Credits an deutschen Hochschulen.** Neuwied 2000 - ISBN 3-937026-10-X - 242 S. - 20.00 €
- *Schwarz, S./ Teichler, U. (Hg.):* **Wer zahlt die Zeche für wen? Studienfinanzierung aus nationaler und internationaler Perspektive.** Bielefeld 2004 -ISBN 3-937026-32-0 - 58 S. - 9.95 €
- *Welbers, U. (Hg.):* **Studienreform mit Bachelor und Master.** Bielefeld 2003 - 2. Auflage - ISBN 3-937026-11-8 - 528 S. - 39.50 €
- *Wildt, J./ Gaus, O.:* **Journalistisches Schreiben für Wissenschaftler.** Neuwied 2001 - ISBN 3-937026-09-6 - 138 S. - 19.95 €

Reihe 2: Motivierendes Lehren in Hochschulen: Praxisanregungen

- *Bock, K.-D.:* **Seminar-/Hausarbeiten ... betreut, gezielt als Trainingsfeld für wissenschaftliche Kompetenzen genutzt - ein Schlüssel zur Verbesserung von Lehre und zur Reform von Studiengängen.** Bielefeld 2004 - ISBN 3-937026-29-0 - 48 S. - 9.95 €
- *Dudeck, A./ Jansen-Schulz, B. (Hg.):* **Hochschuldidaktik und Fachkulturen. Gender als didaktisches Prinzip.** Bielefeld 2006 - ISBN 3-937026-47-9 - 175 S. - 23.00 €
- *Knauf, H.:* **Tutorenhandbuch. Einführung in die Tutorenarbeit.** Bielefefeld 2005 - ISBN 3-937026-34-7 - 159 S. - 22.80 €
- *Kretschmar, W./ Plietz, E.:* **Die Vorlesung - eine Anleitung zu ihrer Gestaltung.** Bielefeld 2005 - 2. Auflage - ISBN 3-937026-37-1 - 36 S. - 9.95 €
- *Viebahn, P.:* **Hochschullehrerpsychologie. Theorie- und empiriebasierte Praxisanregungen für die Hochschullehre.** Bielefeld 2004 - ISBN 3-937026-31-2 - 298 S. - 29.50 €

Reihe 3: Anleitung für erfolgreiches Studium: Von der Schule übers Studium zum Beruf
(mehrere Titel in Vorbereitung)

Reihe 4: Beruf: Hochschullehrer/in - Karrierebedingungen, Berufszufriedenheit und Identifikationsmöglichkeiten in Hochschulen

- *Webler, W.-D.:* **Lehrkompetenz - über eine komplexe Kombination aus Wissen, Ethik, Handlungsfähigkeit und Praxisentwicklung.** Bielefeld 2004 - ISBN 3-937026-27-4 - 45 S. - 9.95 €

Reihe 5: Hochschulmanagement: Praxisanregungen

- *Henseler, A.:* **Kosten- und Leistungsrechnung an Hochschulen.** Bielefeld 2004 - ISBN 3-937026-12-6 - 36 S. - 9.95 €
- *Hubrath, M./ Jantzen, F./ Mehrtens, M. (Hg.):* **Personalentwicklung in der Wissenschaft. Aktuelle Prozesse, Rahmenbedingungen und Perspektiven.** Bielefeld 2006 - ISBN 3-937026-44-4 - ca. 150 S. - ca. 20 €
- *Reinhardt, Chr. (Hg.):* **Verborgene Bilder - große Wirkung. Was Personalentwicklung an Hochschulen bewegt.** Bielefeld 2004 - ISBN 3-937026-28-2 - 104 S. - 14.00 €
- *Reinhardt, Chr./ Kerbst, R./ Dorando, M.:* **Coaching und Beratung an Hochschulen.** Bielefeld 2006 - ISBN 3-937026-48-7 - 144 S. - 19.80 €
- *Webler, W.D. (Hg.):* **Personalentwicklung an Hochschulen.** Bielefeld 2006 - ISBN 3-937026-45-2 - ca. 160 S. - ca. 21 €

Reihe 6: Qualität - Evaluation - Akkreditierung. Praxishinweise zu Verfahren und Methoden

- *Schwarz, S./ Westerheijden,D.-F./Rehburg, M. (Hg.):* **Akkreditierung im Hochschulraum Europa.** Bielefeld 2005 - ISBN 3-937026-36-3 - 261 S. - 34.00 €

Reihe 7: Forschungsmanagement
(mehrere Titel in Vorbereitung)

Reihe 8: Witz, Satire und Karikatur über die Hochschul-Szene

- *Wunderlich, O. (Hg.):* **Entfesselte Wissenschaft.** Bielefeld 2004 - ISBN 3-937026-26-6 - 188 S. - 24.00 €
- *Ulrich, W.:* **Da lacht der ganze Hörsaal. Professoren- und Studentenwitze.** Bielefeld 2006 - ISBN 3-937026-43-6 - 126 S. - 14.90 €

Veranstaltungskonzepte und -materialien

- *Rittersbacher, Chr.:* **The Spirit of Proverbs. Ein Seminar über Sprichwörter.** Bielefeld 2003 - ISBN 3-937026-03-7 - 44 S. - 9.80 €